JOSÉ CARLOS DOS SANTOS
(FREI ZECA)

Quando quero falar com Deus

ORAÇÕES PARA O DIA A DIA

7ª edição – 2012
6ª reimpress~

Dados Internacionais de Catalogação na Publicação (CIP)
(Câmara Brasileira do Livro, SP, Brasil)

Santos, José Carlos dos
    Quando quero falar com Deus : orações para o dia a dia / José
Carlos dos Santos (Frei Zeca). – 7. ed. – São Paulo : Paulinas, 2012.

    ISBN 978-85-356-3083-1

    1. Oração - Cristianismo   I. Título.

12-02525   CDD-248.32

Índice para catálogo sistemático:

1. Oração : Prática religiosa : Cristianismo   248.32

Revisado conforme a nova ortografia.

Citações bíblicas: *Bíblia Sagrada*. Tradução da CNBB,
São Paulo, Paulinas, 2002.

Direção-geral: *Flávia Reginatto*
Editora responsável: *Celina H. Weschenfelder*
Auxiliar de edição: *Márcia Nunes*
Copidesque: *Rosa Maria Aires da Cunha*
Coordenação de revisão: *Andréia Schweitzer*
Revisão: *Leonilda Menossi e Marina Mendonça*
Direção de arte: *Irma Cipriani*
Gerente de produção: *Felício Calegaro Neto*
Projeto gráfico e produção de arte: *Telma Custódio*

Nenhuma parte desta obra poderá ser reproduzida ou transmitida por qualquer forma e/ou quaisquer meios (eletrônico ou mecânico, incluindo fotocópia e gravação) ou arquivada em qualquer sistema ou banco de dados sem permissão escrita da Editora. Direitos reservados.

Paulinas
Rua Dona Inácia Uchoa, 62
04110-020 – São Paulo – SP (Brasil)
Tel.: (11) 2125-3500
http://www.paulinas.com.br – editora@paulinas.com.br
Telemarketing: 0800-7010081
© Pia Sociedade Filhas de São Paulo – São Paulo, 2004

Sumário

Introdução 5

Primeira parte
Orações de cada dia 7

Segunda parte
Orações para várias circunstâncias 61

Terceira parte
Orações a Nossa Senhora 97

Quarta parte
Orações aos santos e santas 161

Anexo
Vivência cristã 269

Índice geral.. 277

Introdução

Benditas sejam as suas mãos, que agora recebem este livro de preces! Bendito seja o seu coração, que mergulhará a sua vida em Deus mediante a oração. Bendito(a) seja você, que, por compreender o poder da sintonia com o eterno, sempre permite que sua existência, como barro nas mãos do oleiro, seja modelada e remodelada para ser, segundo a vontade do Altíssimo, uma obra nova, abençoada e preciosa.

Escrevi este livro de preces não para os teóricos da oração, mas para todas as pessoas que, sem bacharelado, mestrado ou doutorado em teologia, aprenderam a falar com Deus por meio de uma oração revestida de simplicidade e confiança, a oração do total abandono da vida nas mãos do Senhor. Se é assim que você ora, este livro é todo para você!

Paz e bem!

O autor

Primeira parte

Orações
de cada dia

Sinal-da-cruz

Em nome do Pai, do Filho e do Espírito Santo. Amém!

Pelo-sinal

Pelo sinal da santa cruz, livrai-nos Deus, nosso Senhor, dos nossos inimigos. Em nome do Pai, do Filho e do Espírito Santo. Amém!

Oferecimento do dia (1)

Divino Coração de Jesus, eu vos ofereço, por meio de Maria, todas as orações, as ações, as alegrias e os sofrimentos deste dia, em reparação dos meus pecados e pela salvação de todas as pessoas. Que a graça de Deus me acompanhe hoje e sempre. Amém!

Creio-em-Deus-Pai

Creio em Deus Pai, todo-poderoso, criador do céu e da terra; e em Jesus Cristo, seu único Filho, nosso Senhor, que foi concebido pelo poder do Espírito Santo; nasceu da Virgem Maria, padeceu sob Pôncio Pilatos, foi crucificado, morto e sepultado; desceu à mansão dos mortos; ressuscitou ao terceiro dia; subiu aos céus, está sentado à direita de Deus Pai, todo-poderoso, de onde há de vir a julgar os vivos e os mortos. Creio no Espírito Santo, na santa Igreja Católica, na comunhão dos santos, na remissão dos pecados, na ressurreição da carne, na vida eterna. Amém!

Pai-nosso

Pai nosso, que estais nos céus, santificado seja o vosso nome, venha a nós o vosso Reino, seja feita a vossa vontade, assim na terra como no céu. O pão nosso de cada dia nos dai hoje; perdoai-nos as nossas ofensas, assim como nós perdoamos a quem nos tem ofendido. Não nos deixeis cair em tentação, mas livrai-nos do mal. Amém!

Ave-Maria

Ave, Maria, cheia de graça, o Senhor é convosco; bendita sois vós entre as mulheres, e bendito é o fruto do vosso ventre, Jesus. Santa Maria, Mãe de Deus, rogai por nós, pecadores, agora e na hora de nossa morte. Amém!

Glória-ao-Pai

Glória ao Pai, ao Filho e ao Espírito Santo. Como era no princípio, agora e sempre. Amém!

Salve-Rainha

Salve, Rainha, Mãe de misericórdia, vida, doçura e esperança nossa, salve!

A vós bradamos os degredados filhos de Eva. A vós suspiramos, gemendo e chorando neste vale de lágrimas. Eia, pois, advogada nossa, esses vossos olhos misericordiosos a nós volvei, e depois deste desterro mostrai-nos Jesus, bendito fruto do vosso ventre, ó clemente, ó piedosa, ó doce sempre Virgem Maria.

– Rogai por nós, Santa Mãe de Deus.
– Para que sejamos dignos das promessas de Cristo. Amém!

Ao anjo da guarda

Anjo de Deus, que sois a minha guarda, a quem fui confiado(a) por celestial piedade, iluminai-me, guardai-me, regei-me, governai-me. Amém!

Santo anjo do Senhor

Santo anjo do Senhor, meu zeloso guardador, já que a ti me confiou a piedade divina, sempre me rege, guarda, governa e ilumina. Amém!

Ato de fé

Eu creio firmemente que há um só Deus, em três pessoas realmente distintas: Pai, Filho e Espírito Santo, que dá o céu aos bons e o inferno aos maus, para sempre.

Creio que o Filho de Deus se fez homem, padeceu e morreu na cruz para nos salvar e que ao terceiro dia ressuscitou.

Creio em tudo o mais que crê e ensina a santa Igreja Católica, Apostólica, Romana, porque Deus, verdade infalível, lho revelou. E nesta crença quero viver e morrer.

Ato de esperança

Eu espero, meu Deus, com firme confiança, que, pelos merecimentos de meu Senhor Jesus Cristo, me dareis a salvação eterna e as graças necessárias para consegui-la, porque vós, sumamente bom e poderoso, o haveis prometido a quem observar fielmente os vossos mandamentos, como eu prometo fazer com o vosso auxílio.

Ato de caridade

Eu vos amo, meu Deus, de todo o meu coração e sobre todas as coisas, porque sois infinitamente bom e amável, e antes quero perder tudo do que vos ofender. Por amor de vós, amo meu próximo como a mim mesmo.

Pequeno ato de contrição

Meu Deus, eu me arrependo de todo o coração de vos ter ofendido, porque sois bom e amável. Prometo, com a vossa graça, nunca mais pecar. Meu Jesus, misericórdia!

Ó meu Deus, misericórdia

Ó Deus, tende piedade de mim conforme a vossa misericórdia; no vosso grande amor, apagai meu pecado.

Criai em mim, ó Deus, um coração puro; renovai em mim um espírito resoluto (cf. Sl 51/50).

Antes de repousar

Senhor, agradeço-vos por este dia que chega ao fim e por todas as bênçãos que me destes. Graças a vós superei dificuldades e senti a força de vossa companhia ao longo do meu caminho. Perdoai-me por palavras, pensamentos, atitudes e omissões que me afastaram de vós e dos meus irmãos.

Entrego-me em vossas mãos para o repouso desta noite. Guardai-me na vossa paz! Boa-noite, Senhor. Amém!

Oferecimento do dia (2)

Ofereço-vos, ó meu Deus, em união com o santíssimo Coração de Jesus, por meio do Coração Imaculado de Maria, as orações e o trabalho, as alegrias e o descanso, as incomodidades e os sofrimentos da vida neste dia, em reparação das minhas ofensas e por todas as intenções pelas quais o mesmo Divino Coração está continuamente intercedendo e sacrificando-se por nós nos altares. Eu os ofereço a vós, em particular, pelas intenções da vossa santa Igreja. Amém!

Pedido de proteção para um novo dia

Senhor Deus, obrigado(a) pela graça deste novo dia! Não sei o que ele me reserva, mas confiantemente abandono-me em vossas mãos. Seja esta minha nova jornada abençoada por vós. Nenhum mal aconteça a mim, à minha família e aos meus amigos. Guardai os meus passos. Iluminai meus pensamentos, minhas decisões e minhas atitudes. Coroai com bom êxito os meus projetos e abençoai o trabalho de minhas mãos. Que todas as pessoas que vierem hoje ao meu encontro não partam sem levar o conforto de uma palavra amiga, a paz de um sorriso e um gesto fraterno, sinais de vossa presença em mim. Amém!

Agradecimento por um novo dia

Bom-dia, Senhor! Vosso amor é maravilhoso e não exclui ninguém. Fazeis o sol brilhar sobre os justos e os injustos e a chuva cair sobre os bons e os maus. Vosso amor busca atingir todos para atraí-los a vós e salvá-los.

Beneficiando-me deste vosso misterioso amor, recebo de vossa providência a graça deste novo dia. Obrigado(a),

Senhor! Sei que não o mereço. Mas quero vivê-lo bem, deixando-me conduzir por vós. Quero frutificar em boas obras, paciência, mansidão, humildade, como meio de louvar-vos pela graça de viver. Sejam os frutos da minha fé e do meu amor para a glória do vosso santo Nome e para o bem de todas as pessoas que colocastes em minha vida. É o que desejo, Senhor! Amém!

Prece por um novo dia

Senhor e Pai, agradeço profundamente o vosso amor por mim. Não fiz nada de extraordinário para merecer este novo dia. Tudo é graça de vossa bondade. Ele me vem de vossas mãos e eu o ofereço a vós, comprometendo-me a amar-vos e servir-vos mais que ontem; a acolher, compreender e perdoar meus irmãos um pouco mais que ontem. Assim, Senhor, este novo dia é dom que recebo de vossas mãos, e o que me proponho a fazer dele será o presente que vos desejo oferecer.

Ajudai-me com vossas bênçãos, para que eu seja fiel a este propósito que, no início desta manhã, toma conta do meu coração. Amém!

Oração da manhã

Obrigado(a), Senhor, por este novo dia que colocais em nossas mãos. Não nos devíeis nada. E não fizemos nada de imenso para merecê-lo. É mais um milagre que vosso amor realiza para nós. Concedei-nos vivê-lo bem, de modo que nossas ações e palavras sejam uma forma de agradecimento a vós.

Guardai nossa língua da palavra ofensiva e conservai o nosso coração na pureza. Que nossas mãos expressem os gestos vivos de caridade para com quem precisa; e nossa fé nos faça fortes diante das dificuldades, ajudando-nos a vencer o pecado e tudo o que possa nos separar de vós.

É assim que desejamos viver, Senhor, para que, ao chegar o fim deste dia, a noite nos encontre seguros em vossas mãos. Isso pedimos por Cristo, nosso Senhor. Amém!

Bênção de são Francisco

Que o Senhor te abençoe e te proteja.
Que o Senhor te mostre a sua face e tenha
    misericórdia de ti.
Que o Senhor volte os seus olhos para ti
    e te dê a sua paz.
Que o Senhor te abençoe.

Oração de são Francisco de Assis

Senhor, fazei de mim um instrumento de
    vossa paz.
Onde houver ódio, que eu leve o amor.
Onde houver ofensa, que eu leve o perdão.
Onde houver discórdia,
    que eu leve a união.

Onde houver dúvidas,
que eu leve a fé.
Onde houver erro,
que eu leve a verdade.
Onde houver desespero,
que eu leve a esperança.
Onde houver tristeza,
que eu leve a alegria.
Onde houver trevas,
que eu leve a luz.
Ó Mestre, fazei que eu procure mais
consolar, que ser consolado.
Compreender, que ser compreendido.
Amar, que ser amado. Pois é dando
que se recebe. É perdoando
que se é perdoado.
E é morrendo que se vive
para a vida eterna. Amém!

Via-sacra

– Nós vos adoramos, ó Cristo, e vos bendizemos.

– Porque, pela vossa santa cruz, remistes o mundo.

I Estação:

Jesus é condenado à morte.

II Estação:

Jesus carrega a cruz.

III Estação:

Jesus cai pela primeira vez.

IV Estação:  Jesus encontra-se com a mãe.

V Estação:  Jesus é ajudado por Simão, o cireneu.

VI Estação:  Verônica enxuga a face de Jesus.

VII Estação:  Jesus cai pela segunda vez.

VIII Estação:  Jesus conforta as mulheres de Jerusalém.

IX Estação:  Jesus cai pela terceira vez.

X Estação:

Jesus é despojado de suas vestes.

XI Estação:

Jesus é crucificado.

XII Estação:

Jesus morre na cruz.

XIII Estação:  Jesus é descido da cruz e é abraçado por sua mãe.

XIV Estação:  Jesus é colocado no sepulcro.

XV Estação:  Jesus ressuscita na madrugada do domingo.

Como rezar o terço

Começamos a oração do terço com o sinal-da-cruz: Em nome do Pai, do Filho e do Espírito Santo. Amém!

A seguir, rezamos o oferecimento do terço, compartilhando as nossas intenções.

Depois rezamos o creio-em-deus--pai, que é a nossa profissão de fé como cristãos.

Antes do início dos mistérios, há cinco continhas: um pai-nosso, três ave-marias e um glória-ao-pai, que exaltam a Santíssima Trindade que habita em nós, porque somos filhos e filhas de Deus.

Em seguida, fazemos a contemplação dos mistérios e rezamos um pai-nosso, dez ave-marias e um glória-ao-pai.

Após o glória-ao-pai, ao final de cada mistério, rezamos uma invocação, que poderá ser espontânea. Por exemplo: Meu Jesus, misericórdia; ou: Jesus, pastor eterno, enviai bons operários para a vossa messe.

Ao final do terço, rezamos uma salve-rainha e um pai-nosso na intenção do papa.

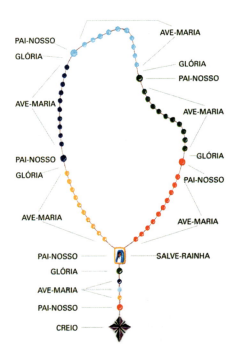

Oferecimento

Senhor Jesus, nós vos oferecemos este terço que vamos rezar, contemplando os mistérios de vossa redenção. Concedei-nos, pela intercessão de Maria, vossa Mãe Santíssima, a quem nos dirigimos, as atitudes que nos são necessárias para bem rezá-lo e as graças que nos vêm desta santa devoção.

Mistérios do rosário

Mistérios gozosos
(segundas-feiras e sábados)

No primeiro mistério gozoso, contemplamos *o anúncio do anjo Gabriel* a Nossa Senhora de que ela dará à luz um filho e o chamará Jesus.

No segundo mistério gozoso, contemplamos a *visita de nossa Senhora a sua prima Isabel*, que também espera um filho.

No terceiro mistério gozoso, contemplamos o *nascimento de Jesus* na gruta de Belém.

No quarto mistério gozoso, contemplamos a *apresentação de Jesus no Templo* e a purificação de Nossa Senhora.

No quinto mistério gozoso, contemplamos a *perda e o encontro de Jesus no Templo*, entre os doutores.

Mistérios luminosos
(quintas-feiras)

No primeiro mistério luminoso, contemplamos o *batismo de Jesus* nas águas do rio Jordão.

No segundo mistério luminoso, contemplamos a *autorrevelação de Jesus nas bodas de Caná*.

No terceiro mistério luminoso, contemplamos Jesus, que *anuncia o Reino de Deus* como convite à conversão.

No quarto mistério luminoso, contemplamos a *transfiguração de Jesus no monte Tabor*.

No quinto mistério luminoso, contemplamos a *instituição da eucaristia*.

Mistérios dolorosos
(terças e sextas-feiras)

No primeiro mistério doloroso, contemplamos a *agonia de Jesus no horto das Oliveiras*.

No segundo mistério doloroso, contemplamos a *flagelação de Jesus*.

No terceiro mistério doloroso, contemplamos Jesus *coroado de espinhos*.

No quarto mistério doloroso, contemplamos *Jesus carregando a cruz* até o monte Calvário.

No quinto mistério doloroso, contemplamos a *crucifixão e a morte de Jesus* na cruz.

Mistérios gloriosos
(quartas-feiras e domingos)

No primeiro mistério glorioso, contemplamos a *ressurreição gloriosa de Jesus*.

No segundo mistério glorioso, contemplamos a *ascensão de Jesus ao céu*.

No terceiro mistério glorioso, contemplamos a *vinda do Espírito Santo* sobre Maria e os apóstolos, reunidos no Cenáculo.

No quarto mistério glorioso, contemplamos a *assunção de Nossa Senhora* ao céu.

No quinto mistério glorioso, contemplamos a *coroação de Nossa Senhora* como Rainha e intercessora nossa junto ao seu filho, Jesus.

Ladainha de Nossa Senhora

Senhor, tende piedade de nós.
Jesus Cristo, tende piedade de nós.
Senhor, tende piedade de nós.

Jesus Cristo, ouvi-nos.

Jesus Cristo, atendei-nos.

Deus Pai do céu, tende piedade de nós.

Deus Filho, Redentor do mundo, tende piedade de nós.

Deus Espírito Santo, tende piedade de nós.

Santíssima Trindade, que sois um só Deus, tende piedade de nós.

Santa Maria, rogai por nós.

Santa Mãe de Deus, rogai por nós.

Santa Virgem das virgens, rogai por nós.

Mãe de Jesus Cristo, rogai por nós.

Mãe da divina graça, rogai por nós.

Mãe puríssima, rogai por nós.

Mãe castíssima, rogai por nós.

Mãe imaculada, rogai por nós.

Mãe intacta, rogai por nós.

Mãe amável, rogai por nós.

Mãe admirável, rogai por nós.

Mãe do bom conselho, rogai por nós.

Mãe do Criador, rogai por nós.

Mãe do Salvador, rogai por nós.

Mãe da Igreja, rogai por nós.

Virgem prudentíssima, rogai por nós.
Virgem venerável, rogai por nós.
Virgem louvável, rogai por nós.
Virgem poderosa, rogai por nós.
Virgem benigna, rogai por nós.
Virgem fiel, rogai por nós.
Espelho de justiça, rogai por nós.
Sede da sabedoria, rogai por nós.
Causa da nossa alegria, rogai por nós.
Vaso espiritual, rogai por nós.
Vaso honorífico, rogai por nós.
Vaso insigne de devoção, rogai por nós.
Rosa mística, rogai por nós.
Torre de Davi, rogai por nós.
Torre de marfim, rogai por nós.
Casa de ouro, rogai por nós.
Arca da aliança, rogai por nós.
Porta do céu, rogai por nós.
Estrela da manhã, rogai por nós.
Saúde dos enfermos, rogai por nós.
Refúgio dos pecadores, rogai por nós.
Consoladora dos aflitos, rogai por nós.
Auxílio dos cristãos, rogai por nós.

Rainha dos anjos, rogai por nós.
Rainha dos patriarcas, rogai por nós.
Rainha dos profetas, rogai por nós.
Rainha dos apóstolos, rogai por nós.
Rainha dos mártires, rogai por nós.
Rainha dos confessores, rogai por nós.
Rainha das virgens, rogai por nós.
Rainha de todos os santos, rogai por nós.
Rainha concebida sem pecado original,
    rogai por nós.
Rainha assunta ao céu, rogai por nós.
Rainha do santo rosário, rogai por nós.
Rainha da paz, rogai por nós.
Cordeiro de Deus, que tirais os pecados
    do mundo, perdoai-nos, Senhor.
Cordeiro de Deus, que tirais os pecados
    do mundo, ouvi-nos, Senhor.
Cordeiro de Deus, que tirais os pecados
    do mundo, tende piedade de nós.

– Rogai por nós, santa Mãe de Deus.
– Para que sejamos dignos das promessas de Cristo.

Oração

Suplicantes vos rogamos, Senhor Deus, que concedais a vossos servos gozar sempre da saúde do corpo e da alma e que, pela intercessão gloriosa da bem-aventurada sempre Virgem Maria, sejamos livres da presente tristeza e gozemos a eterna alegria. Por Cristo, nosso Senhor. Amém!

Consagração a Nossa Senhora

Ó Senhora minha! Ó minha boa Mãe! Eu me ofereço todo(a) a vós e, em prova da minha devoção para convosco, vos consagro, neste dia, meus olhos, meus ouvidos, minha boca, meu coração, meus pensamentos, meu trabalho, minha família e meus amigos. E todo o meu ser. E, porque assim sou vosso(a), ó incomparável Mãe, guardai-me e defendei-me como pessoa e propriedade vossa. Amém!

Ladainha do
Sagrado Coração de Jesus

Senhor, tende piedade de nós.

Jesus Cristo, tende piedade de nós.

Senhor, tende piedade de nós.

Jesus Cristo, ouvi-nos.

Jesus Cristo, atendei-nos.

Deus Pai do céu, tende piedade de nós.

Deus Filho, Redentor do mundo, tende piedade de nós.

Deus Espírito Santo, tende piedade de nós.

Santíssima Trindade, que sois um só Deus, tende piedade de nós.

Coração de Jesus, Filho do Pai eterno, tende piedade de nós.

Coração de Jesus, formado pelo Espírito Santo no seio da Virgem Mãe, tende piedade de nós.

Coração de Jesus, unido substancialmente ao Verbo de Deus, tende piedade de nós.

Coração de Jesus, de majestade infinita, tende piedade de nós.

Coração de Jesus, templo santo de Deus, tende piedade de nós.

Coração de Jesus, tabernáculo do Altíssimo, tende piedade de nós.

Coração de Jesus, casa de Deus e porta do céu, tende piedade de nós.

Coração de Jesus, fornalha ardente da caridade, tende piedade de nós.

Coração de Jesus, receptáculo de justiça e amor, tende piedade de nós.

Coração de Jesus, cheio de bondade e de amor, tende piedade de nós.

Coração de Jesus, abismo de todas as virtudes, tende piedade de nós.

Coração de Jesus, digníssimo de todo o louvor, tende piedade de nós.

Coração de Jesus, Rei e centro de todos os corações, tende piedade de nós.

Coração de Jesus, no qual estão todos os tesouros da sabedoria e da ciência, tende piedade de nós.

Coração de Jesus, no qual habita toda a plenitude da divindade, tende piedade de nós.

Coração de Jesus, no qual o Pai celeste põe a sua complacência, tende piedade de nós.

Coração de Jesus, de cuja plenitude todos nós participamos, tende piedade de nós.

Coração de Jesus, desejo das colinas eternas, tende piedade de nós.

Coração de Jesus, paciente e misericordioso, tende piedade de nós.

Coração de Jesus, rico para todos os que vos invocam, tende piedade de nós.

Coração de Jesus, fonte de vida e de santidade, tende piedade de nós.

Coração de Jesus, propiciação pelos nossos pecados, tende piedade de nós.

Coração de Jesus, feito obediente até a morte, tende piedade de nós.

Coração de Jesus, atravessado pela lança, tende piedade de nós.

Coração de Jesus, fonte de toda a consolação, tende piedade de nós.

Coração de Jesus, nossa vida e ressurreição, tende piedade de nós.

Coração de Jesus, nossa paz e reconciliação, tende piedade de nós.

Coração de Jesus, vítima dos pecadores, tende piedade de nós.

Coração de Jesus, salvação dos que em vós esperam, tende piedade de nós.

Coração de Jesus, esperança dos que em vós expiram, tende piedade de nós.

Cordeiro de Deus, que tirais o pecado do mundo, perdoai-nos, Senhor.

Cordeiro de Deus, que tirais o pecado do mundo, ouvi-nos, Senhor.

Cordeiro de Deus, que tirais o pecado do mundo, tende piedade de nós.

– Jesus, manso e humilde de coração, fazei o nosso coração semelhante ao vosso.

Oremos

Deus onipotente e eterno, olhai para o Coração de vosso Filho diletíssimo e para os louvores e as satisfações que ele, em nome dos pecadores, vos tributa; e aos que imploram a vossa misericórdia, concedei benigno o perdão dos seus pecados, em nome do vosso mesmo filho Jesus Cristo, que convosco vive e reina por todos os séculos dos séculos. Amém!

Oração ao Sagrado Coração de Jesus

Senhor Jesus, que assim dissestes: Aprendei de mim que sou manso e humilde de coração! Perdoai-nos, porque nós insistimos em aprender do mundo, e mais e mais nos sentimos vazios e coisificados. Nós nos angustiamos e nos julgamos abandonados por vós.

Ah! Se soubéssemos ser obedientes à vossa palavra e nos dispuséssemos a frequentar a escola que é o vosso Coração! Teríamos a vossa paz, seríamos mansos e humildes, fraternos servidores, solidários e felizes. Que o vosso Santo Espírito, agindo em nós, quebre nossas algemas, derrube barreiras internas e externas para que, na liberdade dos filhos de Deus, sejamos bons aprendizes do vosso Coração.

Sagrado Coração de Jesus, tende piedade de nós! Amém!

Consagração ao Sagrado Coração de Jesus

Sagrado Coração de Jesus, eu me consagro inteiramente a vós: minha pessoa, minha vida, minhas ações, meus trabalhos e sofrimentos, a fim de empregar tudo quanto sou e tenho unicamente para colaborar convosco na construção de novos céus e de uma nova terra. Tenho a firme resolução de ser inteiramente vosso(a) e fazer tudo por vosso amor, renunciando a tudo que vos puder desagradar. Portanto, ó Coração Sagrado, eu vos escolho como único objeto do meu amor, como protetor de minha vida, amparo de minha fragilidade e inconstância, reparação de todas as minhas faltas e auxílio seguro na hora de minha morte. Coração de Jesus, ternura e bondade! Eu quero que toda a minha felicidade seja a de viver e morrer no vosso serviço, dedicando-me aos meus irmãos. Amém!

Consagração da família ao Sagrado Coração de Jesus

Coração de Jesus, símbolo do amor infinito do Pai pelos seres humanos, queremos consagrar-vos, hoje e para sempre, a nossa família e implorar vossas bênçãos sobre ela.

O nosso lar vos pertence. Fazei nele o vosso trono e reinai em nossos corações. Participai de nossa mesa e abençoai o nosso pão de cada dia. Que ele seja suficiente para nós e ainda nos permita fazer o milagre da partilha com os irmãos. Sede no meio de nós o amigo íntimo, o irmão e o companheiro de todas as horas.

Cada um de nós, tudo o que somos ou temos, vos pertence. Dai-nos a graça da fidelidade no discipulado, e que nossa alegria seja fazer a vontade do Pai.

Pedimos também, ó Jesus, que vossa Mãe nos assista como filhos e filhas e abençoe o nosso lar, como fez feliz o lar de Nazaré. Fazei o nosso coração semelhante ao vosso e dai-nos a paz e a vida eterna. Amém!

Consagração ao Sagrado Coração de Jesus
(Santa Margarida Maria Alacoque)

A grande propagadora da devoção ao Sagrado Coração de Jesus foi santa Margarida Maria Alacoque. Entre as práticas de devoção ao Sagrado Coração de Jesus, temos o ato de consagração e o ato de reparação. Na consagração, oferecemos a Deus, soberano Senhor, a vida com tudo o que temos. Na reparação, desagravamos a Deus, aproximando-nos da eucaristia, com a prática das primeiras nove sextas-feiras e a Hora Santa.

Eu me dou (minha pessoa e minha vida, minhas ações, meus trabalhos e meus sofrimentos) e me consagro ao Sagrado Coração de nosso Senhor Jesus Cristo, a fim de empregar tudo quanto sou e tenho, unicamente para colaborar com Deus na construção de novos céus e de uma nova terra.

É minha resolução irrevogável ser inteiramente dele e fazer tudo por seu amor, renunciando de todo o meu coração a tudo que lhe puder desagradar. Portanto, ó Coração Sagrado, eu vos escolho para único objeto do meu amor, para protetor de minha vida, penhor de minha salvação, amparo de minha fragilidade e inconstância, reparação de todas as faltas de minha vida e asilo seguro na hora de minha morte.

Coração de ternura e bondade, sede vós minha justificação diante de Deus vosso Pai e afastai de mim os castigos de sua justa cólera. Coração de amor, em vós ponho toda a minha confiança. De minha fraqueza e maldade tudo temo, mas de vossa bondade tudo espero. Consumi, pois, em mim, tudo o que puder desagradar-vos ou se opuser a vós. Imprimi o vosso puro amor tão firmemente no meu coração, que nunca mais vos possa esquecer, e nunca possa de vós me separar, Coração Sagrado. Eu vos conjuro, por toda a vossa bondade, para que o meu nome seja profundamente gravado em vós; pois eu quero que toda a minha felicidade e glória seja viver e morrer no vosso serviço. Amém!

Oração à Santíssima Trindade

Ó Deus de amor, uno e trino, eu vos louvo por vossa presença em mim, em cada pessoa e em tudo o que vive e respira ao meu redor.

Adoro-vos, ó Pai, porque no vosso amor imenso criastes o mundo e neste amor o sustentais. Adoro-vos, ó Filho, Jesus Redentor, que, abraçando a cruz pela humanidade, nos ensinastes que não há maior amor do que dar a vida pelos irmãos. Adoro-vos, ó Espírito Santo, Amor do Pai e do Filho, que nunca deixais de agir em nós para que não se desfaça em nós a imagem e semelhança de Deus. Fazei que, adorando-vos assim, eu nunca me separe de vós e que possais encontrar em meu coração uma digna habitação. Amém!

Louvor a Deus Pai

Ó Esplendor do Pai. Ó Luz da luz Divina; fonte da Luz, és dia que aos dias iluminas. Sol da verdade eterna. Fulgor jamais fanado, infunde em nosso peito o Espírito Sagrado.

Governa a nossa mente, o corpo e o coração, concede fé ardente, amor e contrição.
Ao Pai e ao Filho, glória.
Ao Espírito também, louvor, honra e vitória agora e sempre. Amém!

Oração ao Espírito Santo

Divino Espírito Santo, não posso imaginar-me sem a vossa presença agindo em mim, iluminando-me, convertendo-me, santificando-me e transformando minha vida. Continuai essa vossa obra, para a salvação de minha alma.

Aquecei o meu coração com o fogo inextinguível do vosso amor, para que caiam por terra todas as resistências que minha condição de pecador vier a vos oferecer.

Tomai conta dos meus pensamentos, sentimentos e palavras. Iluminai minhas decisões para que, entre todas as escolhas que a vida me oferecer, eu escolha fazer de Deus o centro de minha vida, servindo-me dos bens que passam e conservando em Deus o meu coração. Amém!

Súplica ao Espírito Santo
(Card. Verdier)

Ó Espírito Santo, amor do Pai e do Filho! Inspirai-me sempre o que devo pensar, como devo dizer, o que devo calar, o que devo escrever, como devo agir, o que devo fazer para obter a vossa glória, o bem das almas e minha própria salvação! Amém!

Espírito Santo Consolador
(Adaptação da oração de João XXIII)

Espírito Santo Consolador, aperfeiçoai em nós a obra que Jesus começou. Tornai forte e contínua a oração que fazemos em nome do mundo inteiro.

Apressai para cada um de nós os tempos de uma profunda vida interior, a fim de fazermos o bem às pessoas. Tudo seja grande em nós: a busca e o culto da verdade; a prontidão ao sacrifício até a cruz e a morte; e tudo, enfim, corresponda à oração sacerdotal de Jesus ao Pai celeste e àquela efusão que de vós, Espírito de amor, o Pai e o Filho irradiam sobre a Igreja, sobre cada pessoa e sobre toda a humanidade. Amém!

Oração à chaga do ombro de Jesus

Ó meu Jesus, Cordeiro de Deus, que tirais o pecado do mundo, apesar de minha imensa fragilidade e das infidelidades com que ofendo o vosso amor, eu vos adoro e venero a chaga do vosso ombro, causada pelo peso da cruz. Chaga profundíssima e dolorosa, da qual vossa Mãe Santíssima tanto se compadeceu. Também eu, ó amabilíssimo Jesus, me compadeço de vós e, do fundo do meu coração, vos louvo, vos glorifico, vos agradeço por essa chaga dolorosíssima do vosso ombro, em que carregastes vossa cruz para minha salvação e de toda a humanidade.

Humildemente eu vos suplico, Senhor: tende piedade de mim, pobre criatura pecadora. Pelos sofrimentos que padecestes e que tornaram mais pesada a vossa cruz, perdoai os meus pecados e conduzi-me ao céu pelo caminho da cruz.

Mãe amável, Maria Santíssima, imprimi em meu coração as chagas de Jesus Crucificado. E vós, ó dulcíssimo Jesus, não sejais meu juiz, mas meu Salvador. Amém!

(Rezar: sete ave-marias e um glória-ao-pai.)

Oração ao Menino Jesus de Praga

Ó glorioso Menino Jesus, segunda pessoa da Santíssima Trindade, a devoção à vossa imagem se difundiu da cidade de Praga para o mundo inteiro, acompanhada dos incontáveis testemunhos das graças e dos milagres operados pelo vosso poder.

Nós vos louvamos, adoramos e glorificamos pelo vosso imenso amor para conosco. E vos suplicamos que nos deis um coração de criança, simples, puro, misericordioso, cheio de amor para convosco e para com nossos semelhantes.

Abençoai-nos, ó Menino Jesus, Divino Redentor, e fazei que, como vós, encontremos nossa maior alegria em fazer a vontade de Deus, nosso Pai. Eis a graça que confiante pedimos a vós (*fazer o pedido*), que sois Deus com o Pai, na unidade do Espírito Santo. Amém!

Oração ao Senhor do Bonfim

Senhor do Bonfim, quando vossa missão terrena chegou ao fim, aos olhos humanos parecia estar findando a vossa vida. No entanto, espalhava-se pelo mundo a vida da graça, do amor e do perdão para todos nós, homens e mulheres, ricos e pobres.

Senhor do Bonfim, fortalecei a minha fé, guiai-me pelo caminho da esperança. Que eu saiba ser solidário ao sofrimento de meus irmãos, vendo neles a vossa imagem. Senhor do Bonfim, rogai por todos nós. Amém!

Oração a Jesus Misericordioso

Senhor Jesus, quero ser transformado completamente em vossa misericórdia e ser vosso reflexo vivente no mundo. Ajudai-me, para que meu coração seja misericordioso, para que eu possa sentir os sofrimentos do meu próximo e adentrar cada vez mais em vosso misericordiosíssimo coração.

Que todo o meu ser seja louvor e glória para vós e que a vossa misericórdia me sustente. Jesus misericordioso, tende piedade de mim!

Oração a Jesus Comunicador
(Bv. Tiago Alberione)

Nós vos adoramos, ó Jesus Mestre, autor e criador do universo, onde tudo é participação de vossa sabedoria, poder e bondade.

Obrigado por nos terdes dado os potentes meios para fazermos da vida presente uma preparação à vida eterna.

Bendito sejais, Mestre Comunicador, fonte de toda ciência, porque iluminastes a inteligência dos homens e mulheres para descobrirem novas técnicas de comunicação para a veiculação mais veloz da cultura, da vida, da ciência e do progresso em geral.

Jesus, abri o nosso coração e dai-nos inteligência para sabermos usar esses meios para o bem e o progresso da humanidade; e para que o Evangelho seja sempre mais amado, propagado e anunciado. Amém!

Oração a Jesus Crucificado
(Alma de Cristo)

Alma de Cristo, santificai-me.
Corpo de Cristo, salvai-me.
Sangue de Cristo, inebriai-me.
Água do lado de Cristo, lavai-me.
Paixão de Cristo, confortai-me.
Ó bom Jesus, ouvi-me.
Dentro de vossas chagas, escondei-me.
Não permitais que eu me afaste de vós.
Do espírito maligno, defendei-me.
Na hora da minha morte, chamai-me e mandai-me ir para vós, para que, com os vossos santos, vos louve por todos os séculos dos séculos. Amém!

Oração a Jesus Ressuscitado

Jesus ressuscitado, que destes a paz aos apóstolos, reunidos em oração, dizendo-lhes: "A paz esteja convosco", concedei-nos o dom da paz. Defendei-nos do mal e de todas as formas de violência que agitam a nossa sociedade, para que tenhamos uma vida digna, humana e fraterna.

Ó Jesus, que morrestes e ressuscitastes por amor, afastai de nossas famílias e da sociedade todas as formas de desesperança e desânimo, para que vivamos como pessoas ressuscitadas e sejamos portadoras de vossa paz. Amém!

Oração a Jesus, bom pastor

Nós vos adoramos, ó Jesus, bom pastor, porque em vós se cumpriu a promessa do Senhor de reunir o rebanho disperso. Jesus, bom pastor, hoje o vosso povo ainda espera os vossos cuidados; por isso vos pedimos que fortaleçais e ampareis os doentes e todos os que necessitam de cuidados especiais. Nosso bom pastor! Sabemos que tendes um afeto especial pelas ovelhas feridas e fracas. Por isso vos pedimos, neste dia, que olheis não só por nós, para as nossas necessidades físicas e morais, mas por todas as pessoas que, de um modo ou de outro, se encontram em aflição. Assim, confortados com a vossa graça, possamos ser instrumentos da vossa glória e sinais vivos da vossa presença.

Jesus, bom pastor, rogai por nós!

Invocações a Jesus Mestre
(Bv. Tiago Alberione)

Jesus Mestre, santificai minha mente e aumentai minha fé. Jesus Mestre, vivo na Igreja, atraí todas as pessoas à vossa escola. Jesus Mestre, libertai-me do erro, dos pensamentos inúteis e das trevas eternas. Jesus Mestre, caminho entre o Pai e nós, tudo vos ofereço e de vós tudo espero. Jesus, caminho da santidade, tornai-me vosso(a) fiel seguidor(a). Jesus caminho, tornai-me perfeito(a) como o Pai que está nos céus. Jesus vida, vivei em mim, para que eu viva em vós. Jesus vida, fazei-me viver eternamente na alegria do vosso amor. Jesus caminho, que eu seja vossa testemunha autêntica diante de todas as pessoas. Jesus vida, que minha presença contagie a todos com o vosso amor e a vossa alegria. Amém!

SEGUNDA PARTE

Orações para várias circunstâncias

Oração pela paz

Senhor, vós sois a fonte da paz! Tem paz em si quem permanece no vosso amor e se deixa guiar por vossa palavra. Neste mundo, muita gente perdeu a paz e vive, hoje, de roubar a paz dos outros. A guerra é tramada, arquitetada em nome de interesses econômicos, políticos e até religiosos. A paz é agredida, como uma criança indefesa... Não pode haver paz nos corações que se esquecem de vós. Não pode existir paz onde reina a injustiça. O mundo está morrendo, carente e faminto do pão da paz. Tende piedade dos que são vítimas da falta de paz, da violência e das injustiças.

Enviai sobre nós um sopro de paz que tome conta dos líderes políticos e religiosos, das instituições, de todos os povos e de todas as raças, de todas as famílias e de cada pessoa. Dai-nos paz, Senhor, a vossa paz! Amém!

Oração para obter saúde

Senhor, nosso Deus, depois do dom da vida que nos destes, a saúde é o bem mais precioso. A doença revela nossa fragilidade e nos faz conhecer o calvário humano e o peso da dor. O mundo se parece com um grande hospital, no qual milhões de irmãos não têm acesso aos remédios eficazes e aos melhores médicos. Vós que tudo podeis, olhai por nós! Curai-nos de nossos males físicos e também espirituais. Sois o divino médico. Fora de vós, nossa alma não encontra a cura; sem vós, os remédios pouco ajudam.

Olhai, Senhor, por todas as pessoas enfermas. Que elas sejam tocadas por vossas mãos, no mais profundo do ser, lá onde a doença criou raízes e insiste em permanecer.

Em nome do sangue precioso de Jesus e pela força do vosso poder, que elas sejam curadas e glorifiquem o vosso nome. Iluminai os cientistas, para descobrirem os remédios necessários e dai-nos a graça de que a saúde seja um dom para todos. Amém!

Prece para conservar a saúde

Divino Espírito Santo, criador e renovador de todas as coisas, vida da minha vida! Com Maria Santíssima, eu vos adoro, agradeço e amo! Vós, que dais vida a todo o universo, conservai em mim a saúde. Livrai-me de todas as doenças e de todo mal!

Ajudado(a) pela vossa graça, quero usar sempre minha saúde empregando minhas forças para a glória de Deus, para o meu próprio bem e para o bem do próximo. Peço-vos, ainda, que ilumineis, com vossos dons de sabedoria e ciência, os médicos e todos os que se ocupam dos doentes. Que eles conheçam a verdadeira causa dos males que destroem ou ameaçam a vida das pessoas e ajudem a defendê-la e curá-la.

Virgem Santíssima, Mãe da vida e saúde dos enfermos, sede mediadora nesta minha oração! Amém!

Oração para a chegada da capelinha

Querida Mãe do céu, nossa casa está de portas abertas para vos receber. Aberto também está nosso coração.

Permanecei conosco! Aquecei nosso lar com vossa ternura. Ensinai-nos a ser uma família unida, amorosa, dialogante, fervorosa, parecida com a vossa Sagrada Família. Que nossa casa seja uma Igreja doméstica, lugar de perdão, do pão multiplicado e repartido, um lugar abençoado. Querida Mãe Maria, intercedei junto a Deus por todos nós. Amém!

Oração para a despedida da capelinha

Santa Mãe, Maria, a capelinha deixa hoje nossa casa, mas a nossa fé nos garante que vossa presença continuará entre nós. E, na força dessa fé, queremos consagrar à vossa materna proteção a vida de cada morador desta casa.

Continuai, ó Mãe, derramando sobre nós todas as graças necessárias, especialmente a da obediência aos ensinamentos do vosso amado filho Jesus. Que a força daquelas vossas sábias palavras, nas bodas de Caná, continue ecoando dentro de nós como um conselho a ser observado: "Fazei tudo o que ele vos disser". Intercedei por nós, para que sejamos dóceis à ação do Espírito Santo e, assim, possamos ouvir, entender e praticar a Palavra divina. Amém!

Oração pelas vocações

Senhor, nosso Deus. Um dia, olhando as multidões cansadas e abatidas, vosso filho Jesus disse que a messe é grande e os operários são poucos. Hoje, mais de dois mil anos depois, a messe continua imensa, e reduzido é o número de operários.

Vós, que sois o Senhor da messe, cuja vontade é a de que a messe não se perca, suscitai operários. Chamai, despertai vocações sacerdotais, religiosas e leigas. Que cada um dos chamados, segundo a vossa escolha, seja fiel ao anunciar vossa Palavra, levar a esperança, orientar, confortar, curar, libertar, fomentar a partilha, garantir o direito e a justiça e privilegiar a vida.

Sustentai, Senhor, a fidelidade dos sacerdotes, bispos, religiosos, religiosas e lideranças leigas e continuai chamando de dentro de nossa família e comunidade tantos e quantos operários sejam necessários para o trabalho da messe. Ouvi, Senhor, a nossa prece! Amém!

Ação de graças

Deus de bondade, de vossas mãos recebemos graças sobre graças, mas nem sempre nos lembramos de sermos agradecidos. Não que a vossa onipotência necessite de nossos agradecimentos, mas precisamos aprender que a melhor maneira de merecer é saber agradecer.

Dai-nos, Senhor, o dom da gratidão. Estejamos sempre em ação de graças, porque vossa graça está continuamente em ação.

Obrigado(a) pela graça da saúde, pela inspiração, pela criatividade, pelo trabalho e pelo pão de cada dia. Obrigado(a) pela família, pelos amigos, pelas grandes e pequenas conquistas, pelos milagres silenciosos que recebemos de vós sem nos darmos conta. Obrigado(a) por este ano, este mês, este dia e por este presente que estamos vivendo. Acreditamos no amanhã, mas ele é todo vosso, até que vossa bondade o coloque diante de nós. Obrigado(a) por tudo, Senhor! Louvado seja o vosso nome! Amém!

Oração da empregada doméstica

Senhor, meu Deus, louvo o vosso nome pelo trabalho que exerço. É dele que ganho o pão de cada dia, dignamente e abençoado.

Encontro forças no exemplo do vosso filho amado, Jesus, que veio para servir e não para ser servido. Nele, busco inspiração para servir com dedicação, alegria, fidelidade, doando o melhor de mim às pessoas para as quais trabalho.

Rogo-vos, ó meu Senhor, que o meu jeito de viver e de estar a serviço contribua para despertar os laços de verdadeira amizade fraterna dos meus patrões e familiares para comigo, levando-os a valorizar o meu trabalho, a respeitar meus limites e a serem justos na remuneração que me oferecem.

Por vossa graça, desejo ser forte para doar-me também, com todo amor, à minha família. Que todos os dias, ao voltar do meu trabalho, eu tenha a graça de encontrar os meus familiares unidos, em paz e protegidos por vós. Amém!

Oração por um doente

Ó Deus de amor, vosso filho Jesus, estando entre nós, tocou os cegos, e eles puderam ver de novo; tocou os coxos e paralíticos, e eles puderam andar; purificou os leprosos, tocou o coração dos pecadores, e eles mudaram de vida.

Nós vos pedimos, Senhor, em nome do vosso filho Jesus, que toqueis no corpo e na alma de todos os enfermos, os de nossa família, nossos amigos, aqueles que colocamos em nossas intenções e aqueles que nem sequer sabemos onde vivem, mas que nunca estarão fora do alcance de vossa compaixão.

Tocai, Senhor, perdoai-lhes os seus pecados, fortalecei-os na fé. Arrancai-os da depressão e do leito de dor e dai-lhes paz interior e uma confiança inquebrantável, para que, como vosso filho Jesus, abandonem a vida nas vossas mãos. E, ao serem curados, possam voltar ao convívio familiar e glorificar o vosso nome, Deus poderoso, Senhor da Vida. Amém!

Oração do(a) médico(a)

Senhor, sois o divino Médico. Vosso poder nos cura espiritual e fisicamente. Eu vos louvo por esta profissão tão bonita e benfazeja que me inspirastes a escolher. Sou médico(a), Senhor! E quero exercer a medicina por amor à vida e não ao dinheiro. Sofro muito quando sinto que os recursos da medicina se esgotam diante de doenças para as quais não achamos remédio. Mas acredito profundamente no vosso poder; por isso, coloco em vossas mãos a minha vida e também a vida daqueles para os quais exerço a medicina. E acredito em milagres, Senhor!

Ajudai-me a socorrer os que de mim necessitarem, especialmente os mais pobres e desamparados pelo sistema de saúde. Iluminai meu coração, meus sentidos e dirigi as minhas mãos, para que eu desempenhe com dedicação e dignidade a desafiadora missão de ser médico(a), colocando a vida em primeiro lugar. Amém!

Oração do(a) motorista

Senhor, vós sois minha proteção, o Deus da minha vida. Eu sou motorista e, no exercício de minha profissão, confio-me aos vossos cuidados e desejo ser guiado(a) por vós.

Concedei-me, ó Deus, dirigir com atenção e prudência. Ser zeloso(a) com a vida dos que viajam comigo. Que por minha culpa ninguém se envolva em algum acidente, nem venha a se ferir ou perder a vida.

Dai-me paciência quando o trânsito estiver pesado e lento; sobriedade e responsabilidade para com a vida dos pedestres.

Protegei a minha vida, na ida e na volta, pois desejo encontrar com paz e saúde a família que me espera para um abraço de esposo(a) e pai(mãe) em um lar harmonioso e feliz, cheio de vossa presença. Amém!

Oração para fazer uma boa viagem

Senhor e Pai, vossa palavra nos diz que, ainda que possamos descer ao mais profundo dos abismos ou subir à mais alta das montanhas, vossa mão nos conduzirá.

Nós vos pedimos, ó Pai: protegei-nos nesta viagem que estamos iniciando. Guardai nossa vida dos acidentes, da violência, das doenças e de tudo o que não concorra para o bom êxito e felicidade de nossa viagem. Vossos santos anjos nos acompanhem! Possamos encontrar na vossa paz aqueles que nos esperam, tanto na ida quanto na volta. Abençoai, Senhor, a nossa viagem! Amém!

Oração pelas mãos do(a) trabalhador(a)

Senhor, mais um dia findou e sinto-me cansado(a). Tento juntar as mãos para uma oração breve, mas elas insistem em ficar caídas sobre meus joelhos. Rezarei assim mesmo, Senhor!

Obrigado(a) por este dia que vivi e pelo trabalho que realizei em favor dos homens e das mulheres, meus irmãos, e de minha família. Olho para minhas mãos e vos peço que elas não sejam violentas, nem se apropriem do que pertence aos outros; sejam acolhedoras e expressem a ternura do meu coração; estendam-se sempre para erguer quem estiver caído e para oferecer ajuda e apoio a quem necessitar. Obrigado(a), Senhor, pelas minhas mãos calejadas. Elas me ajudam, por meio do meu trabalho, a colocar na mesa de minha casa o pão sagrado de cada dia. Olhando para elas, que eu nunca me esqueça de que a minha vida está em vossas mãos, meu divino Autor. Boa-noite, Senhor! Dai-me vossa bênção! Amém!

Oração da fé

Senhor, meu Deus, Criador do céu e da terra, eu creio em vós com todas as forças do meu coração, com toda a minha inteligência e com todos os anseios da minha alma. Poderoso é o vosso nome e imensa é a vossa misericórdia. E crendo assim, a vós recorro em nome de Jesus Cristo, vosso Filho, para pedir não bens materiais e sim tesouros espirituais, as graças que julgardes mais necessárias para a minha santificação. Que vossa luz brilhe sobre mim, afastando-me das trevas do erro. Todos os problemas, forças negativas, tristezas, barreiras internas e externas sejam vencidos pelo vosso poder, para que eu prospere no vosso caminho.

Que meu viver, meu lar, meu trabalho e todos os meus projetos sejam por vós abençoados. Entrego-me em vossas mãos poderosas, confiante de que tudo vou alcançar, pois a vossa palavra nos garante: "Nada é impossível ao que crê". Eu creio, Senhor, e assim vos peço, por Jesus Cristo, vosso Filho e meu Salvador. Amém!

Oração da boa morte

Meu Senhor Jesus, que pelo mistério da encarnação assumistes a nossa humanidade, nascendo na pobreza de uma estrebaria, provastes em tudo a nossa condição humana, exceto o pecado. E na fidelidade ao projeto redentor do Pai, abraçastes a cruz, tomando sobre vós as nossas dores. Pelo vosso sangue derramado e por vossa ressurreição remistes o mundo.

Eu vos suplico, Jesus, quando chegar para mim o momento de deixar este mundo, dizei ao vosso Pai Celeste: "Meu Pai, perdoai-lhe!". Dizei à vossa santíssima Mãe: "Eis aí o vosso filho!". E confortai minha alma com estas vossas palavras: "Ainda hoje estarás comigo no Paraíso". Sim, ó meu Senhor, não me abandoneis nessa hora!

Concedei-me viver os meus dias nesta terra, vigilante e sóbrio, combatendo o bom combate, guardando a fé, até que tudo esteja consumado. Neste anseio, entrego minha vida em vossas mãos, agora e para sempre. Amém!

Oração do(a) radialista

Senhor Jesus, meu Salvador. Vós fostes o perfeito comunicador do Pai. Assim nos dissestes: "Eu falo do que vi e ouvi de meu Pai". Comunicastes amor, perdão, fraternidade, conversão, partilha, redenção, vida nova – o Reino de Deus.

Ensinai-me a ser obediente àquele vosso pedido: "O que vos falo ao ouvido, proclamai-o por sobre os telhados". Mais que o(a) profissional do rádio e da voz, anseio por ser comunicador(a) das palavras, mensagens, histórias e experiências que realmente mereçam ser divulgadas. Livrai-me da comunicação vazia que apenas faz barulho, que nada constrói e a ninguém edifica. Quero comunicar paz, esperança, as vitórias da vida nas lutas do povo, os milagres da fé, sinais de vossa presença no meio de nós.

O que vos peço, Jesus, é que façais de mim o(a) comunicador(a) que desejais que eu seja. Amém!

Oração para pedir a proteção de Deus

Tu que estás sob a proteção do Altíssimo e moras à sombra do Onipotente, dize ao Senhor: "Meu refúgio, minha fortaleza, meu Deus, em quem confio".

[...] Não poderá te fazer mal a desgraça, nenhuma praga cairá sobre tua tenda.

Pois ele dará ordem a seus anjos para te guardarem em todos os teus passos.

Em suas mãos te levarão para que teu pé não tropece em nenhuma pedra.

Caminharás sobre a cobra e a víbora, pisarás sobre leões e dragões.

"Eu o salvarei, porque a mim se confiou;
eu o exaltarei, pois conhece meu nome.
Ele me invocará, e lhe darei resposta;
perto dele estarei na desgraça,
vou salvá-lo e torná-lo glorioso.
Vou saciá-lo com longos dias e lhe mostrarei minha salvação."
(Salmo 91)

Oração para vencer a depressão

Senhor da vida, estou no poço profundo da depressão. Não entendo por que a tristeza me toma se tenho muitos motivos para ser feliz. Tenho saúde e não me falta o pão. Estou rodeado(a) de pessoas que me amam. Não sei de onde brotam tanta angústia, insegurança e falta de motivação para viver.

Perdoai-me, Senhor, se penso, às vezes, que morrer seria a melhor solução. Sei que essa é uma terrível tentação contra a qual necessito lutar e vencer. Pois quereis vida para os vossos filhos, e vida feliz, em abundância.

Tomai-me, Senhor, pela mão; levantai--me! Ajudai-me a superar as perdas sofridas e o sentimento de fracasso e inferioridade. Não quero viver curvado(a) sobre mim. Arrancai-me deste túmulo escuro, porque todos os discursos se esvaziaram e falharam todos os recursos.

Vinde, Senhor, em meu socorro e restaurai em mim o encanto pela vida. Amém!

Oração da confiança

Eis-me aqui, Senhor, a vossos pés, colocando minha vida em vossas mãos por meio desta prece que elevo ao vosso coração. Concedei-me, ó Pai de amor, a graça de que minha prece não seja pesada de lamúrias, petições e lágrimas, mas repleta da confiança que levou o rei Davi a orar assim:

O Senhor é meu pastor, nada me falta. Ele me faz descansar em verdes prados, a águas tranquilas me conduz. Restaura minhas forças, guia-me pelo caminho certo, por amor do seu nome. Se eu tiver de andar por vale escuro, não temerei mal nenhum, pois comigo estais. O vosso bastão e vosso cajado me dão segurança. Felicidade e graça vão me acompanhar todos os dias da minha vida.

Seja esta, Senhor, a minha oração, cheia de certeza e confiança de que estais comigo. Nada me falta, porque vós sois o meu tudo! Amém!

Oração à Sagrada Família (1)

Ó Maria, mãe feliz de Jesus, cheia de graça como o anjo proclamou, com profunda e inquebrantável confiança dirijo a vós a minha súplica: derramai vossas bênçãos maternas sobre meu(minha) esposo(a) e meus filhos e alcançai a graça para que eles não se desviem do caminho do Senhor. Creio que a vossa prece tem muito mais força do que a minha. Então, rogai por nós, santa Mãe de Deus!

São José, pai adotivo do divino Redentor, intercedei por minha família, para que o nosso lar seja cheio de paz, um santuário da vida.

Maria Santíssima, dai-nos sempre a proteção de vossa materna intercessão e alcançai para minha família a graça que vos suplico (*fazer o pedido*). Tenho a certeza de alcançá-la por vossa intercessão e pelo poder de vosso filho Jesus Cristo. Amém.

(Rezar: pai-nosso, ave-maria, glória-ao-pai.)

Oração à Sagrada Família (2)

Sagrada Família, Jesus, Maria e José, nós vos agradecemos pela convivência exemplar que tivestes no cumprimento da vontade do Pai. Que em nossos lares floresçam as virtudes que animaram o vosso lar em Nazaré: caridade, humildade, diálogo, compreensão e ternura. Sagrada Família, Jesus, Maria e José, intercedei por todas as famílias que passam por grandes dificuldades e crises (*fazer aqui um pedido especial*).

Queremos também pedir a graça de sempre podermos colaborar com a nossa vida e o nosso testemunho, para que outras famílias descubram os caminhos do amor, da compreensão, do diálogo sincero e da paz. Jesus, Maria e José, rogai a Deus por todas as famílias. Amém!

Bênção das crianças

Ó Deus de bondade, vosso filho Jesus proclamou que o Reino dos Céus é das crianças e daqueles que se parecem com elas. Ele as acolheu, as abraçou e impôs as mãos sobre elas, abençoando-as. Derramai vossas bênçãos sobre as nossas crianças de hoje, vítimas tantas vezes da violência, da fome e da pobreza, gerada pela falta de justiça na redistribuição das riquezas.

Abençoai, Senhor, as crianças de todos os continentes, de todas as raças e línguas, especialmente as mais carentes de condições dignas de vida, e suscitai pessoas que lutem por elas e com elas, para que nada nem ninguém lhes roubem o direito sagrado de serem felizes. Amém!

Oração dos noivos

Senhor Jesus, que dissestes: "Onde dois ou mais estiverem reunidos em meu nome, eu estarei no meio deles", nós vos agradecemos pelo grande dom do amor e da fé.

Queremos, com a vossa graça, preparar-nos para conviver na paz e no diálogo sereno. Fazei ainda, Senhor, que o nosso diálogo amadureça cada dia mais e que a escola da vida e da fé nos preparem para enfrentar as dificuldades que poderão surgir ao longo dos nossos dias.

Contamos com a vossa graça, Senhor Jesus, e nos confiamos também aos cuidados de Maria e José, protetores do nosso futuro lar. Amém!

Oração pela família

Senhor Deus, que também sois família, Trindade santa, comunidade de amor, vosso Filho amado, Jesus, assumiu nossa humanidade no seio de uma família, cujo modo de ser e de viver tornou-se modelo para a família de todos os tempos.

Nós vos pedimos, Senhor, que em nossa casa ninguém cultive o ódio, mas sempre o amor. Não se viva da discórdia, mas na graça da união. E se alguma ofensa acontecer, o perdão não demore a chegar.

Desejamos viver em paz, com alegria, na esperança e iluminados por vós, cumprindo a missão de levar esses dons a todas as pessoas. Fortalecei, Senhor, o amor e a fidelidade entre os esposos e a harmonia entre os filhos, em nossa casa.

Abençoai, Senhor, a nossa família! Amém!

Oração do casal

Senhor, o amor um dia nos uniu. Nele e por ele fizemos aliança convosco e entre nós. E assim nasceu o nosso lar. Não somos um casal perfeito, mas entre erros e acertos somos felizes em reciprocidade. Com vossa graça, procuramos harmonizar nossas diferenças.

Nós vos pedimos, Senhor, as bênçãos necessárias para continuarmos a edificar nossa casa sobre a rocha do amor. Saibamos compreender, dialogar, perdoar, partilhar alegrias e tristezas, educar nossos filhos na fé e nos manter fiéis um ao outro.

Ajudai-nos a oferecer um ao outro o melhor que somos e temos em nós, no corpo e no espírito. E assim, sejamos como vós desejais: sal e luz na vida um do outro, ajudando-nos, encorajando-nos, para que nossa vida a dois seja fecunda e feliz.

Ó Pai de amor, acolhei e atendei a nossa prece. Amém!

Oração da gestante

Senhor da vida, louvado sejais por este mistério que me abraça inteiramente, fazendo do meu ventre o santuário da vida. Carrego em mim um novo ser, fruto do amor, que de vós recebeu o sopro vivificante. É alguém bem-vindo que, já antes de chegar, consegue encher minha vida de alegria, ternura e gosto de céu. É lindo ser mãe, Senhor!

Abençoai, ó Pai, este filho que está a caminho. Que ele nasça saudável, venha para o nosso meio sentindo-se muito amado, e que, com sua presença de anjo, deixe o nosso lar ainda mais feliz.

Obrigada, Senhor, por esta graça imensa que é ser mãe e pelo dom do vosso coração de Pai, pleno de ternura materna. Amém!

Oração do pai

Senhor da vida, eu vos louvo e vos agradeço, porque me destes uma graça imensa: ser pai. Carrego em meus ombros a responsabilidade de ser pai, de acordo com a vossa vontade, não como um peso, mas sim como uma missão grandiosa. É no vosso jeito de ser pai que a minha paternidade deve encontrar razão e sentido.

Ajudai-me, Senhor, a ser o pai que educa na fé. O pai que não esconde a ternura, que acolhe, perdoa, participa; que não se impõe como dono da verdade, mas que, no diálogo, reconhece e aceita a verdade dos filhos.

Dai-me saúde e força para trabalhar e oferecer à minha família condições de viver dignamente, no seio de um lar abençoado, feliz e cheio de paz, que se pareça com a Sagrada Família de Nazaré. Amém!

Prece da mãe

Senhor Deus, creio que o vosso coração de Pai é pleno também de ternura materna. Agradeço e bendigo o vosso nome pelo sublime dom de ser mãe, de acolher e gerar em meu ventre o mistério da vida.

Ajudai-me, Pai querido, a ser um céu de ternura em meu lar e a aquecer com o fogo suave do amor o coração do meu esposo e de meus filhos. Desejo dobrar os joelhos diante de vós, para que vossa graça faça de mim uma coluna, pela força da oração, para não deixar que meus filhos se dispersem, nem que seus corações sejam roubados de vossas mãos. Por isso, fortalecei-me, Senhor, pois desejo cooperar com a vossa graça para manter a família no vosso caminho. Sei que não é uma missão fácil, mas será possível, com as vossas bênçãos.

Dai-me, Senhor, segundo a vossa vontade e sabedoria, as virtudes mais necessárias para o exercício da maternidade, dom maravilhoso que colocastes em meu ser. Amém!

Oração pelos pais

Senhor, fonte da paternidade e da maternidade, eu vos agradeço pelos pais que me destes e pela graça de ter nascido em uma família cristã, unida e feliz.

Ajudai-me, Senhor, a oferecer o melhor de mim: carinho, obediência, cooperação, respeito, para que permaneça em nosso lar o clima de paz e amor recíproco.

Derramai sobre os meus pais a bênção de uma vida longa. Que o exercício da paternidade e da maternidade plenifique os seus corações de realização e felicidade.

Ensinai-me, Senhor, a ser filho(a) segundo o coração do vosso filho Jesus, que nasceu e cresceu no seio de uma família. Assim como ele, que eu também encontre a minha alegria em fazer a vossa vontade. Amém!

Súplica da mãe pela família

Ó Maria, eis minha prece de mãe a vós, que sois a mãe de Jesus, cheia de graça, Senhora nossa. Eu vos suplico que guardeis sob o vosso manto protetor meu esposo e meus filhos e que livreis a nossa família de tudo o que a impeça de ser santa e feliz. Que nossa família continue a ser edificada sobre a rocha inabalável do amor, em cada dia que a bondade de Deus nos for oferecida.

Alcançai-nos, ó Mãe, a proteção dos anjos e santos, a firmeza na fé e a coragem para enfrentar as provações. Que nossa casa seja um santuário de paz, harmonia, amizade, amor, perdão, alegria, saúde, repleto de vossa ternura materna.

Atendei minha prece, ó Mãe querida, por vossa intercessão e pelo poder de vosso divino Filho, Jesus Cristo, nosso Senhor. Amém!

Oração da criança

Querido Deus, não sei rezar como gente grande. Nem sei como escolher as palavras. Mas creio muito que sois meu

Pai do céu, o Criador de tantas coisas bonitas que vejo ao meu redor. O Senhor deve ser muito bonito também!

Obrigado(a) pela minha vida e também pela vida do papai, da mamãe, da minha professora e dos meus amiguinhos.

Ajudai-me, Senhor, a crescer cheio(a) de fé, em um lar feliz e cheio de amor. Desejo isso também para todas as crianças, pois é triste demais ver as pessoas sofrendo, sobretudo as crianças. Elas são muito fracas e indefesas. Sem carinho e sem pão não dá para ser feliz!

Querido Deus, meu Pai do céu, obrigado(a) por terdes escutado a minha oração. Obrigado(a) por tudo! Amém!

Oração para pedir paz na família

Senhor Jesus, que vivestes vossa vida terrena no seio de uma família harmoniosa, feliz e repleta de paz. Vós, que fostes anunciado pelos profetas como o "príncipe da paz". E quando nascestes, os anjos anunciaram paz às pessoas. Pela vossa morte na cruz, a paz entre Deus e as pessoas foi consolidada. E depois de ressuscitado, saudastes assim os vossos apóstolos: "A paz esteja convosco!". E ao enviá-los em missão, de casa em casa, a eles ordenastes saudação semelhante: "A paz esteja nesta casa".

Nós acreditamos, Senhor, que a paz é o paraíso do ser humano. Feliz a casa em que a paz não é hóspede rara, mas alguém sempre presente a integrar a família.

Que nossa família viva em paz, cultivando a união, a compreensão, o perdão e o amor, que a tudo sustenta. Ajudai-nos a conservar a paz entre nós, para que um dia mereçamos, definitivamente, a vossa paz no céu. Amém!

Terceira parte

Orações a Nossa Senhora

Nossa Senhora Aparecida

Oração

Ó Senhora Aparecida, rainha e padroeira de nossa pátria, de cor morena, Mãe solidária que suscita a igualdade, cheia de amor e ternura para com todos nós, vossos filhos e filhas, estendei sobre o nosso Brasil o vosso olhar; e, como Mãe que sois, ajudai-nos a construir, nos alicerces da justiça e do amor, uma nação santa, capaz de vencer os sinais de morte que afligem nosso povo, e proclamar a vitória da vida mediante a partilha do pão e o respeito aos direitos humanos.

Defendei o Brasil e intercedei por nós a vosso Filho, para que sejamos livres de todos os males, da fome e da guerra, e nos conservemos fortes e fiéis em seguir e proclamar Jesus como nosso único Salvador e a vós como nossa Mãe e Rainha.

Nossa Senhora Aparecida, rogai por nós! Amém!

Nossa Senhora Auxiliadora

Oração

Ó Maria, Senhora nossa e Mãe querida, buscamos o vosso auxílio nas aflições e lutas de nossa caminhada cristã.

Sede nosso auxílio e poderosa proteção contra os males que assaltam nossa fé, abalam nossas famílias e arrastam para longe da Igreja o coração dos nossos jovens.

Sede o auxílio dos que evangelizam proclamando o nome de Jesus e difundindo o amor para convosco.

Volvei o vosso olhar e estendei as vossas mãos para todas as pessoas que vacilam na fé, para que descubram no mistério da própria existência as indubitáveis provas da presença de Deus e do seu amor incondicional para com elas.

Nossa Senhora Auxiliadora, rogai por nós! Amém!

Nossa Senhora do Bom Conselho

Oração

Virgem Imaculada, Mãe de Deus e nossa Mãe, o Senhor fez de vós uma conselheira admirável. Nas bodas de Caná deixastes o vosso conselho: "Fazei tudo o que ele vos disser". No dia de Pentecostes, quando a Igreja nascia sob o impulso do Espírito Santo, vossa presença se fez sentir entre os apóstolos.

Também eu, ó Mãe, suplico o vosso conselho em minha vida e caminhada cristã. Quero sentir vossa presença, orientando-me em minhas decisões, nos meus pensamentos e atitudes, para que sejam sempre de acordo com a vontade do Pai.

Tomai minhas mãos, ó Mãe querida, e orientai meu coração e todos os meus passos na direção do vosso Filho, o único caminho que conduz ao paraíso, onde um dia desejo estar convosco, mergulhado(a) para sempre em Deus.

Maria, Mãe do Bom Conselho, rogai por nós! Amém!

Nossa Senhora do Bom Parto

Oração

Ó Deus, Senhor da vida, para assumir a nossa humanidade, vosso Filho Jesus foi concebido pelo Espírito Santo no seio materno da vossa serva Maria Santíssima. E ela o trouxe à luz, entregando à humanidade o Salvador.

Agradeço-vos, ó Deus, pelo filho que concebi e carrego em meu ventre. É quase chegada a hora de vê-lo nascer.

Que meu filho consiga ver a luz do dia, amparado por vossa mão carinhosa. Desejo sentir a presença materna de Maria na hora do parto, fazendo-me forte e muito serena, plena de alegria de poder gerar.

A ela dirijo a minha súplica: Ó Maria, que fostes agraciada com um parto feliz, assisti-me na hora do meu parto e rogai a Deus por mim. Amém!

Nossa Senhora do Caravaggio

Oração

Ó Senhora do Caravaggio, que deixastes no lugar de vossa aparição a marca dos vossos pés, da qual uma fonte de água brotou, como que a nos pedir uma vida mergulhada na fé e no seguimento de vosso filho Jesus, confirmando suas palavras: "Do interior daquele que crê, jorrarão rios de água viva".

Querida Mãe, suplico vossa intercessão por mim, para que meu coração seja sempre sensível e dócil à ação do Espírito Santo e se torne mais humilde, sereno, puro, uma digna habitação da Trindade Santa.

Não rejeiteis a minha súplica, ó Virgem do Caravaggio, mas dignai-vos ouvi-la e alcançar-me esta graça tão necessária para o meu crescimento espiritual. Amém!

Nossa Senhora do Carmo

Oração

Ó Virgem do Carmo, nossa Mãe e Senhora, a vossa devoção se expandiu do monte Carmelo para o mundo inteiro, por meio dos primeiros cristãos que encontraram proteção sob o vosso manto materno e, em meio às perseguições, puderam sentir a força e o consolo de vossa companhia.

Nós vos suplicamos, Mãe querida: nas dores, consolação; nas dificuldades do caminho, perseverança e coragem; nas tribulações, confiança.

Pedimos vossa intercessão pelos enfermos, para que sejam restabelecidos na saúde. Rogai pelas almas do purgatório, para que sejam purificadas e libertas, a fim de que possam entrar na glória de Deus.

Caminhai conosco, ó Mãe, e intercedei a Deus por nós, para que sejamos dignos da promessa de Cristo. Amém!

Nossa Senhora da Conceição

Oração

Ó Virgem Santíssima da Imaculada Conceição, no vosso seio materno, Deus preparou uma digna habitação para o seu filho e nosso redentor, Jesus. Fostes por ele escolhida e concebida sem pecado, por isso o anjo vos anunciou e vos proclamou bendita entre todas as mulheres, cheia de graça.

Mãe puríssima, rogai por nós, vossos filhos e filhas, e alcançai para nós, por meio do vosso amado Filho, a graça de que nossa caminhada cristã seja marcada por um crescimento constante na humildade, na obediência, na pureza de coração, na fidelidade, na fé e na prática da caridade, para que um dia possamos estar convosco, na glória dos eleitos, para sempre em Deus.

Ó Maria, concebida sem pecado, rogai por nós, que recorremos a vós! Amém!

Nossa Senhora Consoladora

Oração

Virgem Maria, Consoladora dos aflitos, nós agradecemos e bendizemos a Deus porque, na ternura do vosso coração materno, podemos achar consolo em nossas aflições. Não somos órfãos! Jesus, do alto da cruz, colocou-nos como filhos e filhas sob os vossos cuidados. Nós temos Mãe!

Socorrei-nos sem cessar, ó Mãe querida. Vinde em auxílio dos doentes e aflitos. Encorajai os deprimidos. Convertei os pecadores, para que reencontrem a paz de estarem na graça de Deus. Sede nossa luz nos momentos de angústia, medos e incertezas, tomando-nos pela mão e fazendo-nos sentir o quanto somos amados e abençoados por Deus.

Nossa Senhora, Mãe Consoladora, rogai por nós! Amém!

Nossa Senhora Desatadora de Nós

Oração

Ó Virgem Santa Maria, Mãe servidora, que nunca deixais de vir em socorro dos aflitos, porque o Senhor vos encarregou de desatar os nós da vida dos vossos filhos, voltai para mim o vosso olhar compassivo e vede o emaranhado de nós que há em minha vida: no trabalho, na família, nos negócios, no passado e no presente. Por mais que eu tente encontrar soluções, sinto-me sempre no mesmo lugar. Tristeza, angústia e desespero me assaltam todos os dias.

Ó Senhora minha, eu me entrego aos vossos cuidados, porque creio que nada nem ninguém, nem mesmo o maligno, poderá arrancar-me do vosso poderoso amparo. Em vossas mãos não há nó que não possa ser desfeito, nem algema que não possa ser quebrada.

Mãe querida, por vossa graça e pela força de vossa intercessão a vosso filho Jesus, meu Senhor e libertador, desatai todos os nós que amarram e oprimem a minha vida. E seja assim, para a glória de Deus!

Maria, Desatadora de Nós, ouvi minha súplica e rogai por mim! Amém!

Nossa Senhora das Dores

Oração

Ó Mãe de Jesus e nossa Mãe, Senhora das Dores, nós vos contemplamos, pela fé, aos pés da cruz, tendo nos braços o corpo sem vida do vosso Filho. Uma espada de dor transpassou vossa alma, como predissera o velho Simeão. Vós sois a Mãe das dores. E continuais a sofrer as dores do nosso povo, porque sois Mãe companheira, peregrina e solidária.

Recolhei em vossas mãos os anseios e as angústias do povo sofrido, sem paz, sem pão, sem teto, sem direito a viver dignamente. E com vossas graças, fortalecei aqueles que lutam por transformações em nossa sociedade.

Permanecei conosco e dai-nos o vosso auxílio, para que possamos converter as lutas em vitórias e as dores em alegrias.

Rogai por nós, ó Mãe, porque não sois apenas a Mãe das dores, mas também a Senhora de todas as graças. Amém!

Nossa Senhora de Fátima

Oração

Santíssima Virgem Maria, que nos montes de Fátima revelastes aos três pastorinhos os tesouros de graças contidos na oração do santo rosário e a necessidade da oração para construir e consolidar a paz, rogai por nós, Virgem bendita, para que neste vosso pedido de oração escutemos e entendamos o pedido do vosso Filho: "Vigiai e orai para não cairdes em tentação".

Volvei para mim o vosso olhar e colocai no meu coração o desejo profundo de intimidade com Deus; a sensibilidade para ouvir mais os apelos da alma que os do corpo; a fidelidade em contemplar os mistérios da salvação por meio da oração do santo rosário.

Nossa Senhora do Rosário de Fátima, rogai por nós! Amém!

Nossa Senhora das Graças

Oração

Ave, cheia de graça, o Senhor é convosco. Bendita sois vós entre as mulheres e bendito é Jesus, o fruto do vosso ventre.

Nós vos invocamos como nossa Senhora das Graças, porque o céu assim vos proclamou. E suplicamos, ó Mãe, a vossa poderosa intercessão por nós, nesta caminhada rumo à pátria celeste, pois queremos um dia estar convosco, louvando e glorificando para sempre o nome do Senhor.

Abençoai nossos trabalhos, nossa vida em família, a comunidade cristã da qual participamos e todas as pessoas que Deus colocou à nossa volta. Ajudai-nos a combater o bom combate, a vencer o pecado, a guardar a fé e a crescer na santidade.

Nossa Senhora das Graças, rogai por nós! Amém!

Nossa Senhora da Glória

Oração

Ó Maria Imaculada, Rainha do céu e da terra, cremos firmemente que Deus fez de vós a mais excelente das criaturas. Abrigou em vosso ventre o Verbo eterno e não quis para vós o mesmo destino dos mortais, a corrupção da carne. Fostes levada ao céu em corpo e alma. Aquele que fez em vós grandes maravilhas completou a obra ao vos exaltar sobre todas as criaturas.

Rogai por nós, pecadores, que nos confiamos à vossa proteção. Sede nosso amparo e nosso consolo, nossa poderosa advogada na luta contra o mal.

Ajudai-nos, para que não coloquemos o nosso coração nos tesouros deste mundo, mas na glória incorruptível que Deus tem reservada para os que o amam e nele acreditam.

Nossa Senhora da Glória, rogai por nós! Amém!

Nossa Senhora de Guadalupe

Oração

Santíssima Virgem de Guadalupe, padroeira da América Latina, nós vos invocamos como nossa Mãe e buscamos vossa intercessão por nosso continente sofrido, mas reverente e repleto de fé.

Fortalecei-nos em nossas lutas contra as forças que oprimem a vida: a ganância, que impede a partilha do pão e das riquezas; o abuso de poder, que cala a voz do povo e condena os inocentes; o imperialismo econômico, que coisifica as pessoas e dá mais valor ao dinheiro que à vida. Haveremos de vencer, com a graça de Deus e com a vossa presença em nós.

Ó Mãe querida, que deixastes vossa imagem estampada no manto do índio Juan Diego, gravai em nós as feições do vosso Filho, porque queremos ser mensageiros de sua palavra e protagonistas na construção de um mundo justo, humano e fraterno, sinal do Reino de Deus entre nós.

Nossa Senhora de Guadalupe, rogai por nós! Amém!

Imaculado Coração de Maria

Oração

Ó Mãe Santíssima, de coração imaculado, aprouve a Deus encher o vosso coração dos sentimentos de misericórdia, ternura, piedade e pureza, para torná-lo semelhante ao coração do vosso filho Jesus.

Rogai por nós, para que sejamos atentos ao pedido de Jesus: "Aprendei de mim, que sou manso e humilde de coração". Ajudai-nos neste aprendizado, ó Mãe, porque é difícil vencer em nós o egoísmo, a preguiça espiritual, o hedonismo e nossas inclinações ao mal.

Intercedei por nós, porque queremos honrar o vosso Coração Imaculado e viver em conformidade de sentimentos e inclinações com o Coração de Jesus, até o dia em que deixaremos este mundo para recebermos de Deus o abraço terno e eterno. Amém!

Nossa Senhora de Lourdes

Oração

Ó Mãe de amor, que vos apresentastes em Lourdes como a Senhora da Imaculada Conceição, a vós recorremos em nossos sofrimentos e aflições, sobretudo em nossas necessidades espirituais, e acreditamos que a vossa intercessão nos será valiosa para o nosso crescimento na fé.

Bendita sejais, Senhora da Imaculada Conceição, pelos extraordinários benefícios que não cessais de espargir não só em Lourdes, mas também no mundo inteiro.

Nós vos suplicamos, ó Mãe, que nos ajudeis a realizar nossas esperanças de conversão, de santificação e de perseverança nos ensinamentos de Jesus, vosso filho, o único caminho que nos leva ao Pai.

Nossa Senhora de Lourdes, rogai por nós! Sede nossa advogada e intercedei constantemente em nosso favor. Amém!

Nossa Senhora dos Navegantes

130

Oração

Ó Mãe gloriosa e bendita, Nossa Senhora dos Navegantes, todos que recorrem à vossa proteção, diante dos perigos dos rios e mares, são atendidos com socorro e orientação para chegarem em segurança ao porto de destino.

Também eu, ó Mãe, sinto os perigos das fortes ondas e tempestades que ameaçam o mar da vida. Recorro à vossa proteção para não sucumbir, nem deixar minha alma exposta à perdição.

Intercedei por mim, alcançando-me a graça de perseverar na fé, na bondade e na caridade, como expressão do meu amor a Deus e aos irmãos e da minha devoção para convosco. Amém!

N. Senhora do Perpétuo Socorro

Oração

Ó Mãe do Perpétuo Socorro, repleto(a) de confiança recorro à vossa intercessão, porque faço parte da multidão de pecadores que encontram em vós refúgio, socorro e esperança.

Sei que me afastei do reto caminho e pequei muitas vezes, porque não me confiei à vossa proteção e fui surdo(a) à voz de Deus, insensível à ação do Espírito Santo.

Ajudai-me, ó Mãe, porque eu me recomendo a vós. Socorrei-me quando vos invocar nas ocasiões de perigo para a minha alma, pois desejo muito caminhar para Deus, conduzido(a) por vossas mãos.

Mãe do Perpétuo Socorro, rogai por mim e por todos que recorrem a vós! Amém!

Nossa Senhora Rainha

Oração

Nossa Senhora Rainha, mãe bendita de Jesus, nosso rei. Terminada vossa existência terrena, o Criador vos elevou ao paraíso e fostes coroada Rainha dos Anjos e Santos, do céu e da terra.

Rogai por nós, para que, nesta vida, outro Rei não tenhamos senão o vosso filho Jesus. Que ele reine sobre nós, em nosso coração, em nosso lar, na Igreja e no mundo. Nossa fé e nosso amor, fecundos em obras, o proclamem como nosso soberano Senhor, e a vós, ó Mãe bendita, como Nossa Senhora e Rainha. Amém!

Nossa Senhora da Salete

Oração

Ó Maria, nossa Mãe, que no monte da Salete vos dignastes aparecer a dois pequenos pastores para nos recomendar a oração como meio de conversão da humanidade, rogai por nós, vossos filhos e filhas pecadores e tantas vezes ingratos, para que tomemos com seriedade a tarefa de nossa conversão, avaliados por vossa intercessão.

Ó Virgem Santíssima, acompanhai-nos nas estradas do mundo, rumo ao céu, e ajudai-nos a colocar só em Deus o nosso coração, porque desejamos amá-lo sobre todas as coisas. E amando-o assim, queremos consolar-vos por uma vida santa que nos habilite a estar um dia convosco, na glória eterna. Amém!

Nossa Senhora da Saúde

Oração

Ó Maria, gloriosa Mãe, também invocada como Nossa Senhora da Saúde, nós, vossos filhos e filhas, sabemos e acreditamos que podemos contar sempre com vossa assistência em nossos sofrimentos físicos e espirituais.

Rogamo-vos, ó Senhora da Saúde, que consoleis os aflitos e doentes, levando-os a colocar a vida nas mãos de vosso filho Jesus, o divino Médico, com inteiro abandono e inquebrantável fé.

Auxiliai os médicos, os enfermeiros e todos aqueles que cuidam dos doentes, para que sejam pacientes, iluminados, e descubram o remédio certo para suas dores.

Que todos os enfermos, ao invocarem o vosso nome, sejam confortados por vossa presença materna plena de ternura. Amém!

Nossa Senhora do Trabalho

Oração

Ó Maria, Mãe Santíssima, mulher de vida simples, de Nazaré, com os olhos da fé, podemos contemplar a singeleza do vosso lar harmonioso e feliz. Voltada inteiramente para vosso filho Jesus e para o esposo José, conserváveis o coração mergulhado em Deus.

Olhai pelas mulheres de hoje, absorvidas pelas muitas tarefas da casa e pelas preocupações do trabalho externo. Que elas não percam a ternura, a paciência e a fé que fazem delas esteios do lar.

Intercedei, ó Mãe, por todos os homens e mulheres que tiram do trabalho o pão abençoado de cada dia. Que não trabalhem apenas para ter e acumular, mas para dignificar e cumprir a missão de prover o sustento da família.

Que todos os trabalhadores e trabalhadoras sejam reconhecidos não por aquilo que produzem, mas pelo que são. Sejam valorizados e justamente remunerados. E vitoriosas sejam todas as suas lutas.

Nossa Senhora do Trabalho, rogai por nós! Amém!

Nossa Senhora Rainha da Paz

Oração

Ó Rainha da Paz, estabelecei o Reino do vosso Filho no meio do povo que, cheio de confiança, se recomenda à vossa proteção.

Afastai para longe de nós os sentimentos de amor-próprio, o espírito de inveja e discórdia. Tornai-nos humildes e fortes diante dos sofrimentos. Dai-nos paciência, espírito de caridade e confiança na divina Providência.

Abençoai-nos, dirigindo os nossos passos no caminho da paz e da união, para que, formando aqui a vossa família, possamos no céu bendizer a vós e a vosso divino Filho por toda a eternidade.

Nossa Senhora Rainha da Paz, rogai por nós! Amém!

Nossa Senhora do Rosário

Oração

Nossa Senhora do Rosário, dai a todos os cristãos a graça de compreender a grandiosidade da devoção do santo rosário, no qual, à recitação da ave-maria, se junta a profunda meditação dos santos mistérios da vida, morte e ressurreição de Jesus, vosso Filho e nosso Redentor.

Acompanhai-nos, ó Maria, na recitação do terço, para que por meio desta devoção cheguemos ao mistério amoroso de Jesus. Nossa Senhora do Rosário, levai-nos à vitória em todas as lutas da vida, por vosso filho, Jesus Cristo, na unidade do Espírito Santo. Amém.

Nossa Senhora do Rosário, rogai por nós!

Nossa Senhora da Penha

Oração

Ó Maria Santíssima, Senhora da Penha, em cujas mãos Deus depositou os tesouros das suas graças e favores, eis-me repleto(a) de esperança, solicitando com humildade a graça de que hoje necessito (*fazer o pedido*) e pela qual lhe sou grato(a) desde este momento.

Recordai-vos, ó Senhora da Penha, que nunca se ouviu dizer que alguma das pessoas que em vós têm depositado toda a sua esperança tenha deixado de ser atendida, ó boa Mãe.

Assisti-nos nas agruras da vida, para que façamos delas sementes para um mundo mais fraterno e mais humano. Enxugai o pranto das pessoas que sofrem e consolai os aflitos em suas necessidades. Tudo isso vos pedimos por Jesus, vosso filho e nosso irmão. Amém!

Nossa Senhora do Desterro

Oração

Senhora do caminho, Mãe e mestra dos migrantes e viajantes por terras estranhas, protegei-me em minhas buscas por um emprego digno, livrando-me da falsidade, da ambição e das falsas ofertas.

Ó minha Mãe, defendei-me dos acidentes, das pessoas mal-intencionadas e conduzi-me ao caminho certo, ao trabalho adequado, ao lado de pessoas que realmente transmitam paz.

Senhora do Desterro, olhai também por tantas pessoas em situação de desesperança, de aflição, em piores condições que as minhas. Dai-lhes saúde, trabalho, casa e pão. Que todos possamos ser irmãos uns dos outros, ajudando-nos mutuamente para assim formarmos a grande família dos filhos de Deus.

Nossa Senhora do Desterro, rogai por nós! Amém!

Nossa Senhora da Anunciação

Oração

(Bv. Tiago Alberione)

Todas as gerações vos proclamem bem-aventurada, ó Maria. Crestes na mensagem divina e em vós se cumpriram grandes coisas, como vos fora anunciado. Maria, eu vos louvo! Crestes na encarnação do Filho de Deus no vosso seio virginal e vos tornastes Mãe de Deus. Raiou, então, o dia mais feliz da história da humanidade, e Jesus veio habitar entre nós. A fé é dom de Deus e fonte de todo bem; por isso, ó Mãe, alcançai-nos a graça de uma fé viva, forte e atuante, que nos santifique cada dia mais. Que possamos comunicar com a nossa vida a mensagem de Jesus, que é o Caminho, a Verdade e a Vida da humanidade. Amém!

N. Senhora Rainha dos Apóstolos

Oração

(Bv. Tiago Alberione)

Maria, nossa Mãe e Rainha, nós vos agradecemos porque nos destes Jesus, Mestre, Caminho, Verdade e Vida. A vós, querida Mãe, confiamos as vocações sacerdotais e religiosas, os missionários e todas as pessoas que se dedicam ao anúncio do Evangelho. Vossa missão está unida à de Jesus, que veio procurar o que estava perdido.

Maria, nossa Rainha e Mãe, assisti--nos com misericórdia, como a um(a) filho(a) doente, pois necessitamos de vossos cuidados. Atendei também, ó Mãe, às preces que agora, confiantes, vos fazemos (*fazer o pedido*).

Tudo esperamos de vossa proteção junto ao vosso filho Jesus. Rainha dos Apóstolos, rogai por nós! Amém!

Nossa Senhora do Repouso

Oração

Acolhei-nos, ó Maria, entre os que amais, guiais e santificais no seguimento de Jesus. Em Deus, vede os filhos que ele chama e por eles intercedei, concedendo-lhes graças, luzes e conforto. Jesus Cristo, nosso Mestre, confiou-se inteiramente aos vossos cuidados. Como Jesus, nós nos colocamos em vossas mãos: apresentai-nos a Jesus, para sermos admitidos entre os seus discípulos.

Ó Mãe do Repouso, queremos corresponder sempre mais ao dom de Deus, "até que em nós se forme Jesus Cristo" e possamos dizer, com são Paulo, que não somos nós que vivemos, mas é Cristo que vive em nossa vida. Amém!

SS. Coração de Jesus e de Maria

Oração

Sagrado Coração de Jesus e de Maria, a vós clamo suplicante por mim e por toda a minha família.

Vós conheceis nossas necessidades. Por isso elevo meu coração e todo o meu ser a vós, para pedir-vos hoje esta graça (*fazer o pedido*). Tenho certeza de que acolhereis em vosso Sagrado Coração, fonte de todo amor e ternura, o que vos peço.

Apresento a vós toda a minha família, o que somos, temos e amamos, pois tudo provém de vós.

Jesus e Maria, exemplos de fé e amor, concedei-nos sempre a fidelidade a vós.

Sagrado Coração de Jesus e de Maria, rogai por nós! Amém!

Nossa Senhora da Cabeça

Oração

Eis-me aqui, prostrado(a) aos vossos pés, ó Mãe do céu e Senhora nossa. Tocai o meu coração, a fim de que deteste o pecado e ame a vida de autêntico(a) cristão(ã), que pedis dos vossos devotos. Tende piedade das minhas misérias espirituais. Mãe terníssima, não vos esqueçais das dificuldades que afligem o meu corpo e enchem de amargura a minha vida. Dai-me, eu vos peço, saúde e forças para vencer todas as dificuldades que o mundo me impõe.

Não permitais que a minha pobre cabeça seja atormentada por males que perturbem a tranquilidade da minha vida.

Tudo isso vos peço pelos merecimentos de vosso filho Jesus Cristo e pelo amor que a ele devotais. Alcançai-me hoje as graças de que tanto necessito (*fazer o pedido*). Obrigado(a), Mãe Santíssima, porque ouvistes a minha humilde oração. Amém!

Quarta parte

Orações aos santos e santas

Santo Antônio

Oração

Ó glorioso santo Antônio, servo amado de Deus, os namorados que desejam apostar a vida no amor vos invocam cheios de confiança. Também vos invocam os que querem encontrar coisas perdidas.

Eu também vos invoco e busco vossa intercessão, porque almejo, como vós, encontrar a alegria e o sentido de minha existência em amar e servir unicamente a Deus, colocando-me docilmente sob a ação do Espírito Santo, para ser capaz de ouvir, refletir e viver a palavra do Senhor.

Meu santo padroeiro, intercedei por mim junto a Jesus, para que o maligno não arranque do meu coração esse bom propósito. Revestido(a) da força do alto, serei forte para conformar a minha vida à vontade do Senhor. Santo Antônio, rogai por mim e por todos que assim desejam ser e viver. Amém!

Santo Afonso Maria de Ligório

Oração

Ó santo Afonso, bispo e doutor da Igreja, conhecemos o vosso imenso amor por Jesus e Maria, sua mãe. A manjedoura, a cruz e o tabernáculo eram os temas favoritos de vossa meditação, que vos levaram a exclamar: "O amor que Jesus Cristo nos testemunhou nos comprime, nos força a amá-lo". Queremos repetir convosco: "Meu Jesus, eu vos amo de todo o meu coração. Eu me arrependo de no passado, muitas vezes, ter afligido vossa infinita bondade. Eu me comprometo, com a ajuda de vossa graça, a não mais vos ofender no futuro: eu vos entrego a vontade, os afetos, os desejos; numa palavra, tudo o que é meu. Doravante, disponde de minha pessoa e de tudo o que me pertence segundo a vossa vontade. Eu vos suplico o que desejo antes de tudo: vosso amor, a perseverança final, o cumprimento perfeito de vossa vontade".

Santo Agostinho

Oração

Ó Deus, compassivo e cheio de amor, que operastes em santo Agostinho a graça da conversão, pela oração constante de sua mãe, e o acolhestes em vossos braços, qual filho pródigo, dando-lhe a alegria de uma vida nova na alegria e na segurança da vossa presença.

Fazei, ó Pai, que eu não deixe vossa graça passar em vão por mim, pois desejo acalmar a inquietude do meu coração e, creio, ele só estará seguro quando só em vós encontrar o repouso.

Abençoai todas as mães que a vós recorrem com insistência, em favor dos seus filhos que se acham ausentes da fé e da família, algemados às coisas do mundo. Acolhei suas preces e lágrimas e, por vosso poder, trazei-os de volta à luz da verdade, à alegria do vosso abraço e da vossa casa, para que possam servir somente a vós em vosso Reino. Por Cristo, nosso Senhor. Amém!

São Joaquim e santa Ana

Oração

Ó santa Ana e são Joaquim, pais da santa Mãe de Jesus, que tivestes a alegria de gerar, criar, educar e ter ao vosso lado uma filha tão especial, totalmente voltada à vontade de Deus e grávida desde muito cedo das esperanças da chegada do Messias, acolhei o pedido que vos dirigimos em favor de todos os pais, para que, como vós, tenham a alegria de ver os filhos crescerem sob o olhar de Deus, sem jamais se desviarem, para não comprometerem a salvação de suas almas.

Vós, que fostes agraciados em ser, pelos laços de sangue, avós do Menino Jesus, intercedei por todos os avós, para que exerçam com ternura e fé a missão de conduzir seus netos sempre mais para perto de Deus. Amém!

Santa Bárbara

Oração

Ó santa Bárbara, que por amor a Deus não temestes perder a vida para ganhá-la eternamente e destes, assim, um firme testemunho de vossa fé frente aos pagãos de vosso tempo, protegei-nos dos raios, dos vendavais, das tempestades e furacões, guardando em segurança nossa casa e nossas propriedades de todas as consequências das forças e dos fenômenos da natureza.

Intercedei por nós junto a Deus Pai, para que fiquemos livres de todos os perigos morais e espirituais que ameaçam a vida e a fé, especialmente o abandono da religião e a falta da prática da caridade, para que, após as provações desta vida, possamos gozar eternamente da felicidade no céu.

Santa Bárbara, rogai por nós! Amém!

São Benedito

Oração

São Benedito, amigo de Deus e de todas as pessoas, nosso glorioso padroeiro, movidos pela fé e conhecimento de vossas virtudes, invocamos a vossa intercessão a Deus, nosso Pai, para que fiquemos livres de todos os males e superstições, a fim de que nossa fé seja pura, autêntica e rica em boas obras.

Rogai por nós, para que o nosso amor a Deus e aos irmãos não seja apenas de palavras. Nossa vida esteja a serviço dos irmãos, sem distinção de raça, cor ou condição social. Que sejamos livres de toda e qualquer escravidão que coloque em perigo a nossa liberdade de filhos de Deus e a nossa salvação.

São Benedito, nosso amado padroeiro, acolhei nosso pedido e rogai por nós! Amém!

São Bento

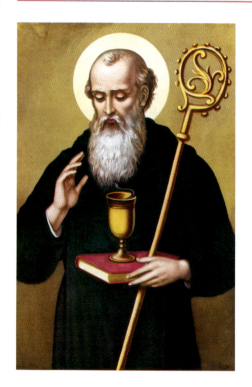

Oração

Ó Deus eterno e todo-poderoso, que nos destes são Bento como o modelo daqueles que vos buscam no equilíbrio entre a oração e o trabalho, fazei que, pela intercessão dele e tomando-o como exemplo, não façamos de nossa vida uma correria constante e sem sentido, mas saibamos parar a fim de mergulhar em vós, fonte de graça e paz, e, assim, nossa alma encontre na intimidade convosco a luz e as forças necessárias para não sucumbir aos apelos do mundo.

Que a nossa oração de cada dia nos encha de lucidez espiritual, para que não coloquemos a vida em função do trabalho e não sejamos escravos da ambição de acumular e possuir.

Isso vos pedimos, ó Pai, por intercessão do vosso bem-aventurado servo, são Bento, e por Cristo, vosso Filho, nosso Senhor. Amém!

São Brás

Oração

Ó glorioso são Brás, que consagrastes vossa vida ao pastoreio do povo de Deus e não renegastes a fé ao abraçar o martírio por causa de Cristo, rogamos a vossa proteção contra todas as doenças da garganta. Fazei que coloquemos o nosso dom de falar à inteira disposição de Deus, para anunciar suas incontáveis maravilhas, cantar seus louvores, proclamar palavras de paz, confortar os tristes e comunicar a força do Evangelho. Alcançai-nos essa graça, intercedendo por nós junto a Cristo, nosso Salvador, que vive com o Pai na unidade do Espírito Santo. Amém!

Bênção da garganta

Pela intercessão de são Brás, bispo e doutor da Igreja, livra-te Deus, todo-poderoso, dos males da garganta e de todas as doenças. Em nome do Pai, do Filho e do Espírito Santo. Amém!

Santa Catarina de Alexandria

Oração

Virgem e mártir, flor divina, gloriosa santa Catarina, desde os primeiros anos de vossa vida, fostes animada pela fé a fazer a vontade de Deus, o que vos rendeu a coroa do martírio, que abraçastes com inteiro abandono do espírito nas mãos do Senhor.

A vós, ó santa Catarina, a quem o Espírito Santo encheu de sabedoria, para que vossos algozes fossem confundidos e convertidos a Cristo, cheios de confiança nós pedimos: alcançai-nos a graça de sermos perseverantes em nossa fé e de professá-la com palavras e obras, para a honra e glória do Senhor.

Santa Catarina, rogai por nós! Amém!

(Rezar: um pai-nosso e dez ave-marias.)

Santa Cecília

Oração

Ó gloriosa santa Cecília, que professando a fé abraçastes o martírio para entrar na glória de Deus, suscitai em nosso coração o ardente desejo de conhecermos melhor as verdades cristãs, para que nossa vida seja comprometida com a Igreja e encontremos nossa alegria em estar mais perto de Deus.

Abençoai todos os músicos, especialmente os que se preocupam em colocar a voz e a canção a serviço da evangelização. Rogai por nós, para que, colocando nossa vida nas mãos de Deus, como fizestes, sejamos testemunhas corajosas da fé, mesmo em meio às dificuldades ou perseguições. Amém!

Santa Cecília, rogai por nós!

Santa Clara

Oração

Ó santa Clara, para seguir a Jesus mais de perto, fizestes dele a razão de vossa existência e vos desapegastes dos bens materiais.

Até hoje somos tocados por esse vosso exemplo e também queremos fazer de Deus o centro de nossa vida, impulsionados pela ação do Espírito Santo e amparados por vossa proteção.

Oração da bênção

Pela intercessão de santa Clara, o Senhor todo-poderoso nos abençoe e proteja; volte para nós seu olhar misericordioso, nos dê a paz e derrame sobre nós copiosas graças e, depois desta vida, nos acolha e nos aceite no seu Reino eterno, em companhia de todos os santos. Em nome do Pai, do Filho e do Espírito Santo. Amém!

São Cosme e Damião

Oração

São Cosme e Damião, gêmeos na vida e inseparáveis na fé que os levou a receber a coroa do martírio, descobristes que só se pode amar e servir verdadeiramente a Deus mediante o amor e o serviço aos irmãos. Por isso, vos dedicastes à cura do corpo e da alma de vossos semelhantes. Fazei-nos também solidários a todos os que sofrem.

Pedimos vossa bênção e intercessão por todos os médicos, enfermeiros, farmacêuticos e por todas as pessoas que se dedicam ao cuidado da vida dos enfermos.

Estendei vossa proteção sobre todas as crianças, para que continuem nos transmitindo o olhar de Deus pela inocência, alegria e simplicidade.

Rogai por nós, para que, seguindo vosso exemplo, vivamos a vida como um dom a ser partilhado com os irmãos, para a glória de Deus e salvação de nossa alma. Amém!

São Cristóvão

Oração

Ó são Cristóvão, carregador de Cristo, que sois invocado como padroeiro dos motoristas, estendei a vossa proteção sobre todos os homens e mulheres que dirigem veículos, seja como uma forma de trabalho, seja de lazer. Tomados de um amor profundo por sua própria vida e pela vida dos seus semelhantes, dirijam com atenção, sobriedade e respeito às normas de trânsito. E, assim, fiquem livres dos acidentes e das imprudências alheias. Abençoai, ó são Cristóvão, todos os motoristas e seus veículos!

Rogai por todos nós, para que também sejamos Cristóvãos, "carregadores de Cristo", e o levemos a todas as pessoas, no conforto de nossas palavras e na força benéfica de nossas obras, frutos de nosso amor e de nossa fé. Amém!

São Dimas

Oração

Ó são Dimas, que no suplício da cruz ao lado do Redentor clamastes que fosses por ele lembrado no Reino, e dele, sem demora, ganhastes o céu: "Ainda hoje estarás comigo no paraíso". O teu suplício era merecido, mas o dele não. E fostes abraçado pela infinita compaixão do Deus que faz festa quando um filho pecador retorna à sua casa.

Rogai, ó são Dimas, pelos encarcerados, perseguidos e por todos que necessitam acolher a graça da conversão, mesmo que seja nos momentos finais desta vida, para que experimentem, como vós, o triunfo do amor sobre o ódio, do céu sobre o mundo e da vida sobre a morte: o triunfo de Deus.

São Dimas, rogai por nós! Amém!

São Domingos de Gusmão

Oração

Ó são Domingos, arauto do Evangelho, dedicastes vossa vida a levar a luz da Palavra de Deus aos que precisavam ser conduzidos a Jesus, Caminho, Verdade e Vida. Fostes ainda grande divulgador da oração do rosário, um filho repleto de ternura para com a Virgem Maria, nossa Mãe.

Obtende-nos, por vossa intercessão, que deixemos de oferecer obstáculos à ação do Espírito Santo, para que não calemos em nós a palavra que deve ser comunicada para a edificação dos irmãos e para a glória e o louvor ao nosso Deus.

São Domingos de Gusmão, rogai por nós! Amém!

(Rezar: pai-nosso, ave-maria e glória-ao-pai.)

São Domingos Sávio

Oração

Ó Deus de amor, que por vosso poder transformastes a vida do jovem Domingos Sávio e o destes à Igreja, especialmente à juventude, como um modelo de virtudes a ser imitado por todos que desejam assemelhar-se mais e mais ao vosso filho Jesus, concedei aos nossos jovens a pureza de coração, horror ao pecado e aquele amor pela eucaristia que ardia no coração de Domingos Sávio.

Iluminai nossos jovens, para que, vivendo em meio aos apelos deste mundo, saibam rejeitar tudo o que rouba a paz, fere a dignidade, banaliza o amor e prejudica a vida, e procurem abraçar os valores eternos. Que não faltem à juventude a intercessão de são Domingos Sávio e a companhia segura de Maria, Mãe do vosso filho Jesus. Amém!

São Domingos Sávio, rogai por nós!

Santa Edwiges

Oração

Ó santa Edwiges, que fizestes do amparo aos pobres e desvalidos e do socorro aos endividados uma expressão viva do amor e da fé que movia vossa vida; vós, que sofrestes a terrível dor de perder cinco filhos, olhai com compaixão e rogai por todas as mães que passam hoje por essa triste experiência, ao perderem seus filhos jovens, vítimas das doenças, das drogas e da violência. Elas só podem ser consoladas pelas graças que vêm do céu.

Confiante, peço-vos que rogueis também por mim, para que eu receba de Deus esta graça tão necessária (*pedir a graça*) e no final da minha vida a graça suprema da salvação eterna.

Santa Edwiges, rogai por nós! Amém!
(Rezar: creio, pai-nosso, ave-maria.)

Santo Expedito

Oração

Ó glorioso santo Expedito, repleto de fé e confiança, busco a vossa proteção e recorro à vossa poderosa intercessão para não cair no pecado de deixar que a graça de Deus passe por mim em vão, pois desejo ser fiel ao propósito de abraçar a minha conversão, com aquela mesma firmeza e decisão que tivestes: "A conversão não pode ser deixada para amanhã, mas deve ser hoje". Eis a graça mais urgente que desejo alcançar (*fazer o pedido*), e nisto me valha a vossa intercessão.

Olhai para mim e sede minha luz contra os inimigos do meu corpo e da minha alma, pois vos tomei como meu protetor. E por vosso intermédio consagro a Deus meu coração e a minha mente, para que um dia possa viver a felicidade eterna no céu. Amém!

(Rezar: creio, glória-ao-pai, ave-maria.)

São Francisco de Assis

Oração

Senhor e Pai, nós vos louvamos e bendizemos por nos terdes dado são Francisco de Assis como modelo de homem e de cristão a ser por nós imitado. Simples, despojado, humilde e construtor da paz. Coração fraterno, sintonizado com o universo, a ponto de sentir-se irmão dos pássaros, do lobo, da água, do vento, do fogo e até da morte. Escolheu viver com simplicidade, e como regra de vida tomou apenas o Evangelho, desejando configurar-se mais e mais ao vosso filho Jesus.

Concedei-nos, Senhor, que acolhamos a vossa palavra em um coração bom e fecundo, escolhendo a humildade, o despojamento, a fraternidade e a caridade como nosso projeto de vida. E para vivê-lo, ajudem-nos o auxílio indispensável do vosso Santo Espírito e a intercessão de são Francisco de Assis. Amém!

São Francisco de Assis, rogai por nós!

São Francisco de Sales

Oração

Ó Deus, que enriquecestes a vossa Igreja com a vida e as obras de são Francisco de Sales, que tanto se empenhou para difundir o Evangelho, pregai vossa bondade e misericórdia e reuni em torno da Igreja os filhos dispersos pelas falsas doutrinas.

Fazei, Senhor, que o tomando como exemplo em nossa caminhada cristã, sejamos firmes na fé, obedientes à voz da Igreja, pacientes nas provações, sem jamais nos afastarmos de Cristo, o nosso único e eterno pastor, até o dia em que estaremos convosco, na glória do vosso Reino. Amém!

São Francisco de Sales, rogai por nós!

(Rezar: pai-nosso, ave-maria, glória-ao-pai.)

São Francisco Xavier

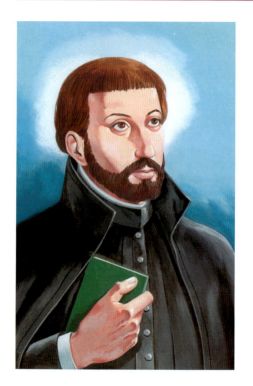

Oração

Senhor, nosso Deus, nós vos louvamos por terdes suscitado são Francisco Xavier para o trabalho missionário em vossa messe. A força de sua fé transformou sua vida em um apostolado fecundo, levando a luz de vossa palavra aos povos do longínquo Oriente.

Fazei, ó Pai, que, pela intercessão de são Francisco Xavier e pelas orações constantes da Igreja, nossas comunidades sejam berços de abundantes vocações para o surgimento de muitos missionários e missionárias que se deixem enviar por vosso Filho, levando unicamente como bagagem o anúncio libertador do vosso Reino mediante o Evangelho. Por Cristo, nosso Senhor! Amém!

(Rezar: creio, pai-nosso, ave-maria.)

São Geraldo Magela

Oração

Ó são Geraldo, que em meio a muitos sofrimentos mantivestes firme a vossa fé, abandonando vossa vida nas mãos de Deus, louvamos ao Senhor por nos ter oferecido o exemplo de vossa vida, marcada pela penitência e pureza de coração, pelo amor a Jesus sacramentado, pela devoção a Maria Santíssima e, sobretudo, pela prática da caridade em favor dos mais pobres e abandonados.

Rogai por nós e socorrei-nos em nossas necessidades espirituais e materiais, ajudando-nos a superar, com a força da fé, tristezas, doenças e sofrimentos desta vida, certos de que tudo concorre para o bem dos que amam a Deus.

São Geraldo Magela, rogai por nós! Amém!

Santo Inácio de Loyola

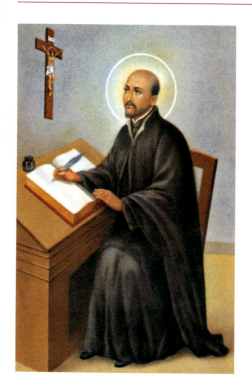

Oração

Ó Deus de ternura e bondade, que nos destes em santo Inácio de Loyola um precioso exemplo de alma penitente e mortificada no combate às amarras do pecado. Por intermédio dele, quisestes que surgisse a Companhia de Jesus, que frutificou no surgimento de muitos missionários para o bem da Igreja.

Concedei-nos, ó Pai de misericórdia, firmeza de fé e fidelidade em vos amar e servir. E pela intercessão de santo Inácio, nós vos pedimos humildemente a graça de cultivar um verdadeiro espírito de penitência, oração e prática do bem, procurando conformar a nossa vida à vossa santa vontade.

Santo Inácio de Loyola, rogai por nós! Amém!

Santa Inês

Oração

Ó gloriosa santa Inês, que ainda tão jovem oferecestes à Igreja o testemunho de vossa fé, abraçando o martírio como a prova maior do vosso amor a Deus, que fez do vosso sangue a sementeira de novos cristãos, a Igreja vos reverencia como modelo para as adolescentes e jovens por vossa pureza de vida. Que elas encontrem em vossa vida um exemplo de fé e amor a ser seguido e a alegria de servir a Cristo como único Senhor e Salvador.

Intercedei, santa Inês, por nossa juventude, afastando-a dos males deste século: drogas, violência, preguiça espiritual, devassidão e toda forma de escravidão que lhes possa roubar a beleza da vida. Com vossa proteção e com as bênçãos de Deus, que nossa juventude seja protagonista na construção de um mundo melhor. Amém!

Santa Inês, rogai por nós!

Santa Isabel da Hungria

Oração

Senhor e Pai, o vosso amor não é exclusivo nem excludente, por isso vos servistes de vossa filha Isabel, rainha da Hungria, para oferecer à Igreja um sopro renovador pela prática do mais puro amor, convertido em serviço solidário aos pobres.

Pela intercessão de santa Isabel, nós vos pedimos, ó Senhor: abençoai todas as viúvas, fazendo com que encontrem na participação comunitária e na prática da caridade um novo sentido para a vida. E a todos nós, dai-nos, Senhor, um espírito resoluto de amor aos pobres, aos enfermos e a todos que necessitarem da expressão mais viva do nosso amor e da nossa fé. Amém!

Santa Isabel da Hungria, rogai por nós!

São Jerônimo

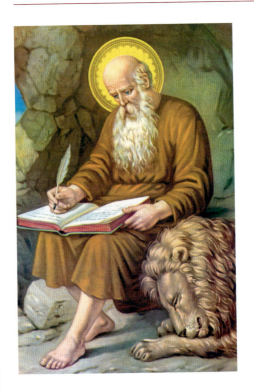

Oração

Ó são Jerônimo, que encontrastes na Palavra de Deus o alimento de vossa alma e a luz necessária pela qual vos deixastes conduzir e, ao traduzir a Bíblia, trouxestes a Palavra para mais perto do povo, para que este pudesse entender melhor os mistérios da salvação. Rogai por nós, para que nos apliquemos mais em compreender, com a leitura diária da Bíblia, a profundidade do amor de Deus manifestado à humanidade na criação e na redenção. Dóceis ao Espírito Santo, queremos ouvir, refletir e praticar a Palavra do Senhor e encontrar a nossa alegria em fazer a sua vontade.

São Jerônimo, rogai por nós! Amém!

São João Batista

Oração

São João Batista, feliz precursor do Messias, que fostes escolhido por Deus para gritar no deserto do coração humano, a fim de preparar os caminhos do Senhor. Vossa vida de profeta foi marcada pela coerência com o que pedíeis do povo: penitência, conversão do coração e acolhida do Messias Salvador.

Vós, que tivestes a graça de apontá-lo como "Cordeiro de Deus que tira o pecado do mundo" e de batizá-lo nas águas do rio Jordão, rogai por nós para que, sem nenhum fingimento, nos penitenciemos de nossos pecados e, tocados no coração por sua infinita misericórdia, abracemos um novo jeito de ser e de viver, até que um dia nos encontremos convosco, junto a Deus, na felicidade eterna. Amém!

São João Batista, rogai por nós!

São João Bosco

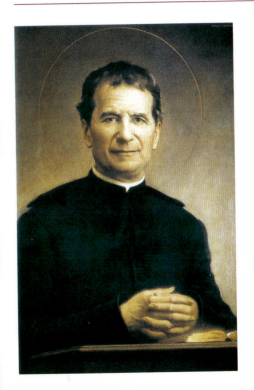

Oração

Ó Deus, que fizestes de são João Bosco um pai espiritual para a juventude, capaz de transmitir orientações seguras aos jovens do seu tempo e também de hoje, aproximando-os de Jesus, Caminho, Verdade e Vida, nós vos agradecemos por este santo tão educador. Por sua intercessão vos suplicamos que os seus filhos e filhas, continuadores de sua missão, descubram mais e mais as riquezas espirituais de sua alma tão iluminada por vós. Que sejam capazes de voltar sempre à fonte daquele amor original que o moveu a acolher os pequenos e ver nos jovens a força da Igreja, força capaz de mudar o mundo.

Orientai todos os educadores para que sejam acolhedores, dialogantes, abertos às mudanças do mundo de hoje, capazes de reconhecer os valores dos jovens e de colocar em prática a pedagogia do amor que orienta, previne e transforma a vida.

São João Bosco, rogai por nós! Amém!

São Jorge

Oração

Ó glorioso são Jorge, a fé vos transformou em um cristão corajoso, intrépido e vencedor dos ídolos, a ponto de abraçar o martírio por ter professado Jesus Cristo como vosso único Senhor.

O povo vos invoca como o santo guerreiro e busca vossa intercessão diante das perseguições e de toda sorte de dificuldades. Rogai a Deus por todos os lares, para que tenham paz, harmonia, fé e o pão de cada dia. Intercedei pelos desempregados, para que se lhes abram as portas e surjam oportunidades de encontrarem o trabalho que desejam.

Rogai por todos nós, para que, auxiliados pelas graças de Deus, possamos enfrentar todos os desafios, problemas e dificuldades, por maiores que sejam, e sobre eles alcancemos a vitória, para a honra e glória do Senhor, nosso Deus. Amém!

São Jorge, rogai por nós!

São José Operário

Oração

São José, patrono de toda a Igreja, a quem o Senhor conferiu a missão de ser pai adotivo de Jesus e esposo da Virgem Maria, vós, que exercestes o ofício de carpinteiro e por meio deste trabalho oferecestes à Sagrada Família digno sustento em suas necessidades, intercedei ao Pai por todos os operários, do mais humilde ao mais alto posto, para que sejam, como vós, justos no exercício da profissão, na execução de suas tarefas, na administração dos bens alheios e em todos os relacionamentos humanos.

Rogai por todos os lares, para que, na vivência recíproca do amor, pais, mães e filhos experimentem a alegria de serem abençoados por Deus, que também é família trinitária: Pai, Filho e Espírito Santo. Amém!

São José, rogai por nós!

São Judas Tadeu

Oração

São Judas Tadeu, glorioso apóstolo e servo fiel de Jesus, unido a ele não só pelo parentesco, mas também pela missão de anunciar o Reino de Deus e pela coroa do martírio, a Igreja vos invoca como patrono dos casos desesperados.

Vede a multidão de vossos devotos, que buscam vossa proteção. Intercedei por todos os aflitos, especialmente por aqueles cuja esperança desfalece, pelos que enfrentam grandes dificuldades na vida familiar, no trabalho e nos negócios, e rogai a Deus para que conservem a força da fé e o dinamismo da esperança.

São Judas, sede para todos que vos invocam uma fonte de auxílio, para que não se ouça ninguém dizer que invocou em vão o vosso nome e a vossa proteção.

São Judas Tadeu, rogai por nós! Amém!

São Luís Gonzaga

Oração

Ó são Luís Gonzaga, patrono da juventude, que buscastes mais que tudo agradar a Deus com uma vida consumida no amor aos mais sofredores e na vivência da castidade e da pureza de coração, intercedei ao Pai por nossa juventude, para que, em meio a tantos caminhos e encruzilhadas, os jovens escolham o caminho do bem. Que o Senhor grave fortemente no coração de cada jovem o seu apelo vocacional, o desejo lúcido de abraçar o que a alma pede e não o que o mundo oferece.

Rogai, ó são Luís Gonzaga, por todos os jovens, para que, como vós, sejam firmes no seguimento de Jesus Cristo e na doação da vida em favor do seu Reino, com amor, por amor e no amor.

São Luís Gonzaga, rogai por nós! Amém!

Santa Luzia

Oração

Gloriosa santa Luzia, que colocastes vossa vida inteiramente nas mãos de Deus, consagrando a ele vosso corpo e vossa alma e nele encontrando forças para não adorar aos ídolos e para manter a pureza do vosso coração, intercedei por nós a Deus, a fim de que possamos ser fiéis aos nossos propósitos de servi-lo e amá-lo sobre todas as coisas.

Por vossa intercessão, sejamos livres de todos os males dos olhos e que nunca percamos a luz da fé, a mesma fé que vos fez suportar o martírio e vencer o mundo, para entrar na glória do Reino de Deus.

Santa Luzia, virgem e bendita, rogai por nós! Amém!

São Marcelino Champagnat

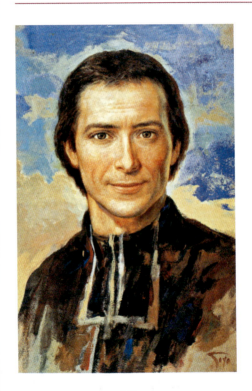

Oração

Ó Deus, doador de todos os dons, que enriquecestes o coração de são Marcelino Champagnat com o carisma da educação, difundindo sua obra pelo mundo inteiro, dai-nos, por sua intercessão, o fogo do amor que o animou a colocar a vida a serviço de uma grande causa pela qual valesse a pena viver e morrer. E livrai-nos, Senhor, da tragédia de vivermos sem um grande ideal.

Por intermédio de são Marcelino, abençoai todos os educadores que exercem o ofício de ensinar não apenas como uma profissão, mas como vocação, ministério e missão. Que para eles se realize a vossa palavra: "Os que ensinam os outros brilharão um dia como estrelas do céu". Assim seja, Senhor!

São Marcelino Champagnat, rogai por nós!

Santa Margarida M. de Alacoque

Oração

Senhor Jesus Cristo, por vosso infinito amor e para a salvação de nossas almas, revelai-nos, como fizestes a santa Margarida Maria, as riquezas insondáveis de vosso coração. Fazei que, por sua intercessão, sejamos fiéis aos propósitos de vos amar acima de tudo e assim mereçamos ter para sempre nossa morada nesse mesmo coração, pois acreditamos em vossa palavra: "Na casa de meu Pai há muitas moradas". Isso vos pedimos, ó Jesus, vós que sois Deus com o Pai, na unidade do Espírito Santo. Amém!

Santa Margarida Maria de Alacoque, rogai por nós!

Santa Maria Goretti

Oração

Ó Deus, que nos destes, por intermédio de santa Maria Goretti, um grandioso exemplo de amor à castidade e à pureza de coração, por seus méritos e preces, tocai o coração de nossa juventude, fazendo irromper no interior de cada jovem a descoberta do valor da pureza de vida, o zelo pela própria dignidade, o respeito pelo corpo, templo sagrado no qual habitais.

Iluminai nossos jovens e encorajai-os a tomarem a decisão de esvaziar o coração de todas as ilusões e colocar acima de tudo o amor a Cristo, o único amor que merece ser amado. Ouvi, ó Pai, por intercessão de santa Maria Goretti, esta nossa prece. Amém!

Santa Marta

Oração

Ó santa Marta, nossa padroeira! Fostes feliz por terdes acolhido em vossa casa o Divino Mestre. E dele aprendestes que não podemos nos perder no excesso de atividades. Precisamos saber parar a fim de nos recolhermos aos seus pés e nos deixarmos formar pelos seus ensinamentos. Essa é a melhor parte!

De Jesus ouvistes a promessa de ressurreição para vosso irmão Lázaro e vistes o cumprimento de suas palavras. Lázaro, morto havia quatro dias, tornou a viver.

Rogai por nós, para que acreditemos sempre mais na palavra de Jesus, repleta de promessas felizes para todos os que nele acreditam. Elas haverão de se cumprir! Que na intimidade com ele, por meio da oração, encontremos o que nos é mais necessário: forças, graças, luzes e paz! Amém!

Santa Marta, rogai por nós!

São Miguel

Oração

(Papa Leão XIII)

São Miguel Arcanjo, protegei-me no combate. Defendei-me com o vosso escudo contra os embustes e ciladas do demônio. Deus o submeta, instantaneamente, nós vos pedimos. E vós, ó príncipe da milícia celeste, pelo divino Poder, precipitai no inferno a Satanás e aos outros espíritos malignos que andam pelo mundo procurando perder as almas. Amém!

Santa Mônica

Oração

Ó santa Mônica, sois para nós o modelo da alma que não se cansa de orar pelas pessoas que necessitam encontrar a luz de Deus. E por essa vossa santa virtude fostes privilegiada pela conversão do esposo e do filho Agostinho.

Eu vos suplico, olhai para minha família e vede a situação dos meus filhos e parentes (*citar os nomes*), como estão descrentes, distantes de Deus e da Igreja. Busco vossa intercessão, pois outra coisa não quero senão a alegria de vê-los tocados pela graça de Deus, convertidos e transformados.

Rogai também por todas as mães, para que não se cansem de buscar em Deus as graças e bênçãos de que seus filhos necessitam para encontrar o caminho da salvação. Amém!

Santa Mônica, rogai por nós!

Santo Onofre

Oração

Santo Onofre, que buscastes, na oração e na penitência, a graça de Deus para vencer o vício do álcool e alcançastes a vitória, olhai por todas as pessoas que são dependentes do álcool e que causam grande sofrimento a si próprias e a toda a família. Por vossa intercessão a Deus, afastai delas as terríveis consequências desse mal que tem arruinado muitos lares.

Rogai especialmente pela juventude, para que não se deixe dominar pelos males de nosso tempo: álcool, drogas, prostituição, banalização do amor, indiferentismo religioso, e assim, não se desvie de Cristo, o único caminho que conduz a Deus. Amém!

Santo Onofre, rogai por nós!

Santa Paulina

Oração

Ó santa Paulina, vós que pusestes toda a vossa confiança no Pai e em Jesus; e que, inspirada por Maria, vos decidistes a ajudar o povo sofrido, nós vos confiamos a Igreja que tanto amastes, nossa vida, nossa família, a vida consagrada e todo o povo de Deus (*fazer o pedido*).

Santa Paulina, intercedei por nós a Jesus, a fim de que tenhamos a coragem de trabalhar para um mundo mais humano, justo e fraterno. Amém!

Santa Paulina, rogai por nós!

(Rezar: pai-nosso, ave-maria e glória--ao-pai.)

São Paulo Apóstolo

Oração

Ó glorioso apóstolo são Paulo, que no caminho para Damasco fostes tocado pela luz de Jesus, que transformou profundamente a vossa vida. De perseguidor vos tornastes corajoso seguidor de Cristo, destemido evangelizador e fundador fecundo de comunidades cristãs.

Rogai por nós, para que também sejamos agraciados com esse espírito de coragem que nos arranque da preguiça espiritual e nos faça testemunhas convincentes de Jesus, apóstolos e apóstolas para o mundo de hoje.

Por vossa intercessão, a messe do Senhor seja enriquecida com muitas vocações missionárias que, a vosso exemplo, levem o Evangelho a todos os povos, para que Cristo seja tudo em todos. Amém!

São Paulo Apóstolo, rogai por nós!

São Pedro Apóstolo

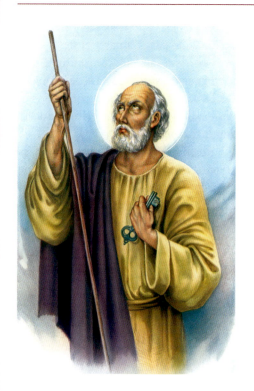

Oração

Ó são Pedro, que fostes chamado e escolhido por Cristo para ser apóstolo e, na tríplice prova do vosso amor, fostes revestido da missão de pastor com a função de apascentar o rebanho do Senhor, nós bendizemos a Deus pela vossa fidelidade no seguimento de Cristo, no anúncio do Evangelho e no zelo pela Igreja, que vos levou a abraçar o martírio como a prova máxima do vosso amor.

Pedimos a vossa intercessão por todo o povo cristão, especialmente por aquele que hoje vos sucede na missão de pastor, o nosso Papa, para que o Espírito Santo o ilumine, a fim de que seja pastor segundo o coração de Jesus, o sumo e eterno Pastor. Amém!

São Pedro, rogai por nós!

São Pelegrino

Oração

Ó glorioso são Pelegrino, que soubestes viver neste mundo servindo-vos dos bens passageiros e agarrando-vos aos valores eternos, atento ao chamado de Deus, deixastes tudo para seguir e servir unicamente a Cristo. Conhecestes na própria carne os sofrimentos provocados pelo câncer e fostes milagrosamente curado por Jesus.

Na glória de Deus, na qual estais, rogai por nós, afastando de nossa vida o terrível mal do câncer e, de modo particular, de (*dizer o nome do doente*). Pedimos que, assim como vós, este irmão(irmã) seja tocado(a) pelo poder de Deus e fique plenamente curado(a). Ao ser restabelecido na saúde, edifique os seus irmãos com o feliz testemunho de que o nosso Deus é o Senhor da vida, aquele para quem nada é impossível.

São Pelegrino, rogai por nós e socorrei-nos pelos méritos infinitos de Jesus Cristo, nosso Senhor. Amém!

Santa Rita de Cássia

Oração

Ó santa Rita de Cássia, nossa gloriosa padroeira, invocada pelo povo cristão como a santa dos impossíveis, advogada dos casos desesperados, auxiliadora da última hora para o abismo do pecado e do desespero. Pleno(a) de confiança, recorro à vossa intercessão a Deus Pai, buscando a solução para este difícil problema que me tem causado muito sofrimento (*dizer o caso ou problema*).

Obtende-me, ó santa Rita, essa graça para mim tão necessária, para que eu reencontre a paz do coração e a alegria de servir a todos os irmãos, para a honra e glória do Senhor, nosso Deus. Amém!

Santa Rita de Cássia, rogai por nós!

São Roque

Oração

Ó são Roque, sois o exemplo dos corações desprendidos que fazem do Reino de Deus o mais precioso dos tesouros. Deixastes a tranquilidade do vosso lar, distribuístes vossos bens aos pobres e colocastes a vida a serviço dos doentes. Soubestes abandonar-vos nas mãos de Deus, aquele que nunca vos abandonou.

Rogamos, confiantes, a vossa proteção contra todas as pestes e doenças que possam se abater sobre as pessoas do nosso lar e sobre os nossos animais de criação. Tenhamos saúde, paz na família, esperança de dias melhores e uma fé inabalável na presença de Deus em nosso meio.

Concedei-nos, ó são Roque, a graça que vos pedimos, pelos méritos de Cristo, que vive e reina com o Pai na unidade do Espírito Santo. Amém!

São Roque, rogai por nós!

São Sebastião

Oração

Ó glorioso mártir são Sebastião, fiel seguidor e cumpridor do Evangelho de Cristo, enfrentastes adversidades, perseguições e até o martírio cruel, mas não renegastes a fé. Queremos seguir vosso exemplo de coragem, constância e fortaleza. Intercedei por nós, para que não ofereçamos obstáculos à ação do Espírito Santo. Que por ele sejamos iluminados e animados a enfrentar as injustiças deste mundo, a vencer o mal com a prática do bem, a superar os sinais de morte e proclamar a vitória da vida.

Rogai por nós, para que a nossa caminhada cristã, entre sofrimentos e alegrias, agrade a Deus mediante uma colheita de boas obras, a fim de que sejamos conduzidos ao seu Reino de amor. Amém!

Santa Teresa de Ávila

Oração

Ó Deus do mistério e da simplicidade, que por vosso Espírito acendestes no coração e na alma de santa Teresa de Ávila o fogo inextinguível do amor, que a ajudou a fugir da hipocrisia de uma vida espiritual vazia para mergulhar profundamente em vós, ponto de partida e de chegada no itinerário do caminho da perfeição. Fizestes dela uma grande reformadora do Carmelo e doutora da Igreja.

Acolhei, ó Pai, a sua intercessão por nós e concedei-nos a graça de que seja também aceso em nossa alma o fogo do vosso amor, para que nossa imagem e semelhança convosco seja sempre renovada. Só assim poderemos fugir aos perigos de um cristianismo só de nome, de uma fé sem obras e de um amor só de palavras. Abençoai-nos e ajudai-nos a encontrar nossa felicidade em ser e fazer o que de nós esperais. Amém!

Santa Teresa de Ávila, rogai por nós!

Santa Teresinha do Menino Jesus

Oração

Deus, nosso Pai, que por obra do vosso Espírito colocastes no coração de santa Teresinha um intenso ardor missionário e o desejo imenso de levar vossa Palavra a todas as pessoas. Como simples criança, ela soube abandonar-se em vossas mãos e experimentou a verdadeira grandeza que é ser contada entre vossos filhos.

Dai-nos, ó Deus, por intercessão de santa Teresinha, vossa filha fiel, o mesmo Espírito que a animou e as mesmas disposições que moveram os seus passos em vossa direção, para que, mesmo no sofrimento, na sensação de abandono, na aridez espiritual e na noite escura, saibamos esperar com toda a esperança. E, ao receber vossas consolações, possamos assim proclamar: "Nossa segurança e proteção está no nome do Senhor, que fez o céu e a terra".

Santa Teresinha do Menino Jesus, rogai por nós! Amém!

São Tiago

Oração

Ó são Tiago, fostes o primeiro apóstolo escolhido por Jesus. Com ele permanecestes durante sua vida pública e por ele fostes flagelado e morto, selando com vosso próprio sangue a fidelidade em segui-lo até o fim.

Dai a todos nós, devotos, docilidade aos ensinamentos da Sagrada Escritura, fidelidade ao batismo, abertura de coração ao Espírito Santo, ardor missionário, audácia do bem, coragem de dar a vida em favor dos irmãos, nos pequenos e grandes gestos do dia a dia. Assim, estaremos um dia convosco, contemplando Deus para sempre, na glória do seu Reino eterno. Amém!

São Tiago, rogai por nós!

São Vicente de Paulo

Oração

Ó Deus de bondade e misericórdia, que suscitastes em são Vicente de Paulo um servidor dos pobres, alguém que compreendeu que a caridade é prestativa e que cada irmão que vem a nós, carregado de necessidades, é a verdadeira sarça ardente que nos revela vossa presença.

Nós vos pedimos, ó Deus, pela intercessão de são Vicente de Paulo, ombros fortes para o peso da nossa cruz e ainda solidários em carregar, se preciso for, a cruz de algum irmão extenuado pelo cansaço; mãos cheias e nunca vazias, que se estendam para oferecer. Sempre nos recordemos de que, aos vossos olhos, a verdadeira religião é alimentar os famintos, vestir os nus, socorrer os órfãos e as viúvas, curar os doentes, consolar os tristes... e assim pratiquemos, para que sejamos por vós acolhidos e julgados dignos de vosso Reino celeste. Amém!

São Vicente de Paulo, rogai por nós!

Santa Ana

Oração

Senhor, Deus de nossos pais, que concedestes a santa Ana a graça de dar a vida à mãe de vosso filho Jesus, olhai por todas as famílias que lutam para sobreviver e que se encontram em grandes dificuldades de relacionamento. Que os lares sejam lugares abençoados e plenos de acolhimento e de compreensão.

Santa Ana, nossa padroeira, olhai para as crianças, acompanhai os adolescentes e jovens, amparai os idosos e doentes de nossa sociedade.

Que todas as pessoas possam contar sempre com as bênçãos de vossa proteção. Santa Ana, eu ainda vos peço (*fazer o pedido*); neste dia dai-me a graça de que tanto necessito.

Santa Ana, rogai por nós! Amém!

Padre Pio (São Pio de Pietrelcina)

Oração

Ó Cristo Jesus, fonte de amor e misericórdia, nós vos agradecemos por nos terdes dado padre Pio como sinal vivo de vossa paixão, morte e ressurreição. Com as chagas em seu corpo e a serenidade em seu rosto, comunicastes ao mundo a compaixão pela humanidade.

Animados pela alegria da fé, exultamos porque a Igreja o eleva à honra dos altares, confirmando que vós sois a fonte da santidade para todos os batizados em todos os tempos.

Ajudai-nos a viver como cristãos a vida de cada dia. E que, por intercessão de padre Pio, possamos alcançar as graças de que necessitamos para realizar neste mundo a nossa vocação e a nossa missão. Amém!

(Rezar: pai-nosso, ave-maria, glória-ao-pai.)

Anexo
Vivência cristã

Mandamentos da lei de Deus

1. Amar a Deus sobre todas as coisas.
2. Não falar seu santo nome em vão.
3. Guardar os domingos e festas.
4. Honrar pai e mãe.
5. Não matar.
6. Não pecar contra a castidade.
7. Não furtar.
8. Não levantar falso testemunho.
9. Não desejar a mulher do próximo.
10. Não cobiçar as coisas alheias.

O maior mandamento

(Mt 22,36-40; Mc 12,29-31)

"Amarás o Senhor, teu Deus, com todo o teu coração, com toda a tua alma e com todo o teu entendimento. O segundo lhe é semelhante: Amarás teu próximo como a ti mesmo. Toda a Lei e os Profetas dependem desses dois mandamentos."

Mandamentos da Igreja

1. Participar da missa aos domingos e nas festas de guarda.
2. Confessar-se ao menos uma vez a cada ano.
3. Comungar ao menos na Páscoa da Ressurreição.
4. Jejuar e abster-se de carne, quando manda a santa Igreja.
5. Pagar o dízimo, segundo o costume.

Sacramentos

1. Batismo
2. Confirmação ou crisma
3. Eucaristia ou comunhão
4. Penitência ou confissão

5. Unção dos enfermos
6. Ordem
7. Matrimônio

Obras de justiça ou de misericórdia

1. Dar de comer a quem tem fome.
2. Dar de beber a quem tem sede.
3. Visitar os enfermos e encarcerados.
4. Vestir os nus.
5. Dar pousada aos peregrinos.
6. Instruir os menos esclarecidos.
7. Suportar pacientemente as imperfeições alheias.
8. Libertar os prisioneiros.
9. Enterrar os mortos.

Dons do Espírito Santo

1. Sabedoria (Lc 21,15) – conhecer a vontade de Deus.
2. Entendimento (1Rs 3,11) – conhecer as verdades reveladas.

3. Ciência (Lc 2,26) – conhecer o caminho da salvação.
4. Conselho (Lc 12,12) – escolher o melhor caminho para Deus.
5. Fortaleza (2Tm 1,7) – ter força para vencer o mal.
6. Piedade (1Tm 4,7-8) – cumprir os deveres para com Deus.
7. Temor de Deus (Pr 8,13; At 9,31) – recear ofender a Deus.

Frutos do Espírito Santo

1. Paz
2. Alegria
3. Amor
4. Bondade
5. Fidelidade
6. Mansidão
7. Autodomínio
8. Afabilidade
9. Continência

Virtudes teologais

Fé (Mt 4,40; Mt 1,25; Jo 6,44; Hb 11,6)
Esperança (Rm 5,5; 8,24)
Caridade (1Cor 13,13; 1Jo 4,7-10)

Virtudes cardeais

Prudência (Pr 8,12; Mt 7,24)
Justiça (Lv 19,15; Rm 1,17)
Temperança (At 24,25; 2Pd 1,6)
Fortaleza (Is 11,2; 2Tm 1,7)

Vícios capitais

1. Soberba
2. Avareza
3. Luxúria
4. Ira
5. Gula
6. Inveja
7. Preguiça

Novíssimos

(As últimas coisas que nos acontecerão.)
Morte (Rm 5,12; 2Tm 4,6)
Juízo (Mt 25,31-46)
Inferno (Mt 8,12; 25,46)
Paraíso (Mt 25,34; Lc 23,43)

Preparação para a confissão

Oração

Senhor Jesus, aqui estou, diante de vós, para vos pedir a graça de preparar-me bem para a confissão. Fazei-me lembrar de todos os meus pecados. Estou arrependido(a) e desejo confessá-los com toda a sinceridade, para obter o perdão. Prometo, com a vossa graça, ser melhor, daqui por diante.

Exame de consciência

Antes de me apresentar ao sacerdote para receber a absolvição dos meus pecados, faço o exame de consciência e vou pensar:

Em relação a Deus: Como foi o meu amor a Deus? Amei-o de todo o coração e sobre todas as coisas? Em relação ao meu próximo: Amei e respeitei as outras pessoas? Meus pais, pessoas que cuidaram de mim, vizinhos, professores, amigos, conhecidos. Em relação a mim mesmo(a): Amei e respeitei o meu corpo, que é templo da Santíssima Trindade? Fui sincero(a), honesto(a), tratei com respeito todas as pessoas que se aproximaram de mim?

Confissão

Ao me apresentar ao sacerdote, ele diz: "O Senhor esteja em teu coração e em teus lábios, para que confesses bem todos os teus pecados. Em nome do Pai, do Filho e do Espírito Santo".

Fazendo o sinal-da-cruz, respondo: "Amém!".

Depois de dizer os pecados, ouço com atenção os conselhos do sacerdote, rezo o que ele me sugerir e agradeço a Deus por ter-me perdoado.

Oração após a confissão

Obrigado, Senhor Jesus! Tivestes misericórdia de mim e perdoastes os meus pecados. Prometo-vos empregar novamente todas as minhas forças para não mais vos ofender, sobretudo na pessoa do meu próximo. Dai-me a graça de cumprir o que estou prometendo neste momento e muitas forças para ser fiel.

Índice geral

Ação de graças	68
Agradecimento por um novo dia	16
Antes de repousar	14
Ao anjo da guarda	11
Ato de caridade	13
Ato de esperança	12
Ato de fé	12
Ave-Maria	10
Bênção das crianças	84
Bênção de são Francisco	19
Como rezar o terço	26
Oferecimento	28
Consagração a Nossa Senhora	37
Consagração ao Sagrado Coração de Jesus	43

Consagração ao Sagrado Coração de Jesus
(*Santa Margarida Maria Alacoque*) ... 45

Consagração da família ao Sagrado
Coração de Jesus 44

Creio-em-Deus-Pai 9

Dons do Espírito Santo 271

Espírito Santo Consolador
(*Adaptação da oração de João XXIII*) .. 50

Frutos do Espírito Santo 272

Glória-ao-Pai 10

Imaculado Coração de Maria 126

Invocações a Jesus Mestre
(*Bv. Tiago Alberione*) 58

Ladainha de Nossa Senhora 33
Oração 37

Ladainha do Sagrado Coração de Jesus 38
Oração 41

Louvor a Deus Pai 48

Mandamentos da Igreja 270

Mandamentos da lei de Deus 269

Mistérios do rosário	28
Mistérios gozosos	28
Mistérios luminosos	30
Mistérios dolorosos	31
Mistérios gloriosos	32
Nossa Senhora Aparecida	98
Nossa Senhora Auxiliadora	100
Nossa Senhora Consoladora	112
Nossa Senhora da Anunciação *(Bv. Tiago Alberione)*	150
Nossa Senhora da Cabeça	158
Nossa Senhora da Conceição	110
Nossa Senhora da Glória	122
Nossa Senhora da Penha	146
Nossa Senhora da Salete	136
Nossa Senhora da Saúde	138
Nossa Senhora das Dores	116
Nossa Senhora das Graças	120
Nossa Senhora de Fátima	118
Nossa Senhora de Guadalupe	124

Nossa Senhora de Lourdes 128

Nossa Senhora Desatadora de Nós 114

Nossa Senhora do Bom Conselho 102

Nossa Senhora do Bom Parto 104

Nossa Senhora do Caravaggio 106

Nossa Senhora do Carmo 108

Nossa Senhora do Desterro 148

Nossa Senhora do Perpétuo Socorro 132

Nossa Senhora do Repouso 154

Nossa Senhora do Rosário 144

Nossa Senhora do Trabalho 140

Nossa Senhora dos Navegantes 130

Nossa Senhora Rainha 134

Nossa Senhora Rainha da Paz 142

Nossa Senhora Rainha dos Apóstolos
(*Bv. Tiago Alberione*) 152

Novíssimos (*As últimas coisas que nos
acontecerão*) 274

O maior mandamento 269

Ó meu Deus, misericórdia 14

Obras de justiça ou de misericórdia 271

Oferecimento do dia (1) 8

Oferecimento do dia (2) 15

Oração à chaga do ombro de Jesus 51

Oração a Jesus Comunicador
(*Bv. Tiago Alberione*) 55

Oração a Jesus Crucificado
(*Alma de Cristo*) 56

Oração a Jesus Misericordioso 54

Oração a Jesus Ressuscitado 57

Oração a Jesus, bom pastor 57

Oração à Sagrada Família (1) 82

Oração à Sagrada Família (2) 83

Oração à Santíssima Trindade 47

Oração ao Espírito Santo 49

Oração ao Menino Jesus de Praga 52

Oração ao Sagrado Coração de Jesus 42

Oração ao Senhor do Bonfim 53

Oração da boa morte 77

Oração da confiança 81

Oração da criança 93

Oração da empregada doméstica 69

Oração da fé 75

Oração da gestante 88

Oração da manhã 18

Oração de são Francisco de Assis 19

Oração do casal 87

Oração do pai 89

Oração do(a) médico(a) 71

Oração do(a) motorista 72

Oração do(a) radialista 78

Oração dos noivos 85

Oração para a chegada da capelinha 65

Oração para a despedida da capelinha 66

Oração para fazer uma boa viagem 73

Oração para obter saúde 63

Oração para pedir a proteção de Deus 79

Oração para pedir paz na família 94

Oração para vencer a depressão 80

Oração pela família 86

Oração pela paz 62

Oração pelas mãos do(a) trabalhador(a) 74

Oração pelas vocações 67

Oração pelos pais 91

Oração por um doente 70

Padre Pio 266

Pai-nosso 9

Pedido de proteção para um novo dia 15

Pelo-sinal 8

Pequeno ato de contrição 13

Prece da mãe 90

Prece para conservar a saúde 64

Prece por um novo dia 17

Preparação para a confissão 274

Oração 274

Exame de consciência 274

Confissão 275

Oração após a confissão 276

Sacramentos 270

Sagrado Coração de Jesus e de Maria 156

Salve-Rainha 10

Santa Ana 264

Santa Bárbara 170

Santa Catarina de Alexandria 178

Santa Cecília 180

Santa Clara 182

Oração da bênção 183

Santa Edwiges 194

Santa Inês 208

Santa Isabel da Hungria 210

Santa Luzia 226

Santa Margarida Maria de Alacoque 230

Santa Maria Goretti 232

Santa Marta 234

Santa Mônica 238

Santa Paulina 242

Santa Rita de Cássia 250

Santa Teresa de Ávila 256

Santa Teresinha do Menino Jesus 258

Santo Afonso Maria de Ligório 164

Santo Agostinho 166

Santo anjo do Senhor 11

Santo Antônio 162

Santo Expedito 196

Santo Inácio de Loyola 206

Santo Onofre 240

São Benedito 172

São Bento 174

São Brás 176

   Bênção da garganta 177

São Cosme e Damião 184

São Cristóvão 186

São Dimas 188

São Domingos de Gusmão 190

São Domingos Sávio 192

São Francisco de Assis 198

São Francisco de Sales 200

São Francisco Xavier 202

São Geraldo Magela 204

São Jerônimo 212

São João Batista 214

São João Bosco 216

São Joaquim e santa Ana 168

São Jorge 218

São José Operário 220

São Judas Tadeu 222

São Luís Gonzaga 224

São Marcelino Champagnat 228

São Miguel 236

São Paulo Apóstolo 244

São Pedro Apóstolo 246

São Pelegrino 248

São Roque 252

São Sebastião 254

São Tiago 260

São Vicente de Paulo	262
Sinal-da-cruz	8
Súplica ao Espírito Santo (*Card. Verdier*)	50
Súplica da mãe pela família	92
Via-sacra	20
Vícios capitais	273
Virtudes cardeais	273
Virtudes teologais	273

Rua Dona Inácia Uchoa, 62
04110-020 – São Paulo – SP (Brasil)
Tel.: (11) 2125-3500
http://www.paulinas.com.br – editora@paulinas.com.br
Telemarketing e SAC: 0800-7010081